乡村70载 振兴跨百年系列丛书

中国乡村振兴

——农户生产环节外包行为及其效应研究

赵培芳 王玉斌 张树彦 ◎ 著

U0951390

中国农业大学出版社
China Agricultural University Press
·北京·

内容简介

《中国乡村振兴——农户生产环节外包行为及其效应研究》是“乡村七十载 振兴跨百年系列丛书”的第五册。全书在理论分析的基础上，以安徽、湖南和江苏3省水稻种植户为研究对象，在探讨其外包行为影响因素及内在逻辑的基础上，检验农业生产环节外包对农业生产技术效率和家庭收入的影响及作用机制，以期为推进我国农业生产环节外包服务均衡发展，实现农业增效和农民增收提供有益参考。

图书在版编目（CIP）数据

中国乡村振兴. 农户生产环节外包行为及其效应研究 / 赵培芳，王玉斌，张树彦著. --北京：中国农业大学出版社，2022.10

（乡村七十载 振兴跨百年系列丛书）

ISBN 978-7-5655-2834-7

Ⅰ.①中… Ⅱ.①赵…②王…③张… Ⅲ.①农户－农业生产－研究－中国 Ⅳ.①F32

中国版本图书馆CIP数据核字(2022)第130729号

书　名 中国乡村振兴

——农户生产环节外包行为及其效应研究

ZHONGGUO XIANGCUN ZHENXING

——NONGHU SHENGCHAN HUANJIE WAIBAO XINGWEI JIQI XIAOYING YANJIU

作　者 赵培芳　王玉斌　张树彦　著

策划编辑 童　云　张　玉　　**责任编辑** 何志勇

封面设计 郑　川

出版发行 中国农业大学出版社

社　址 北京市海淀区圆明园西路2号　　**邮政编码** 100193

电　话 发行部 010-62733489，1190　　读者服务部 010-62732336

编辑部 010-62732617，2618　　出　版　部 010-62733440

网　址 http://www.caupress.cn　　**E-mail** cbsszs @ cau.edu.cn

经　销 新华书店

印　刷 北京鑫丰华彩印有限公司

版　次 2022年10月第1版　　2022年10月第1次印刷

规　格 170 mm×240 mm　　16开本　　12印张　　190千字

定　价 46.00元

图书如有质量问题本社发行部负责调换

丛书编审指导委员会

柯炳生　中国农业大学
谭向勇　北京工商大学
时建忠　全国畜牧总站
刘天金　中国农业出版社有限公司
李希荣　中国畜牧业协会
傅泽田　中国农业大学
司　伟　中国农业大学
王玉斌　中国农业大学

策划人　童云　席清　张玉

出版说明

“乡村七十载　振兴跨百年系列丛书”立足新中国成立70周年、中国共产党成立100周年、决胜全面建成小康社会冲刺之年和“两个一百年”关键历史交汇期，紧扣乡村振兴战略这一新时代“三农”工作总抓手，围绕产业兴旺、生态宜居、乡风文明、治理有效、生活富裕等方向，组织专家学者参与到本系列图书的创作与出版工作中来。

本系列丛书主要汇集有关学者从决胜脱贫攻坚到实施乡村振兴战略这一伟大时期，其服务“三农”、开展乡村振兴研究和实践的回顾与总结，更有对未来一段时期中国乡村振兴的思考和探究。

这套丛书的选题策划与出版缘起于中国农业大学经济管理学院王玉斌教授的激情提议，也正好契合中国农业大学出版社服务“三农”的办社宗旨。为此，中国农业大学出版社组织实力编辑团队与王玉斌教授一起来共同组织作者团队编写“乡村七十载　振兴跨百年系列丛书”，体现“三农”学者的所思、所想及所得，体现了出版者对“三农”的深厚情怀与责任担当。

除了王玉斌教授之外，还有中国农业大学原校长柯炳生教授、北京工商大学原校长谭向勇教授、全国畜牧总站党委书记时建忠研究员、中国农业电影电视中心时任党委书记兼主任刘天金先生、中国畜牧业协会会长李希荣先生、中国农业大学原副校长傅泽田教授、中国农业大学经济管理学院院长司伟教授等多年来带领团队积极投身于我国乡村振兴研究，深入农业农村实践的学术界领导者。同时，也汇聚了中国农业大学规划设计院张德林院长、中国畜牧业协会刘强德副秘书长、中国畜牧业协会驴业分会赵飞副会长、中国畜牧业协会驴业分会王春洪秘书长、北京工商大学李乾老师以及中国农业大学赵培芳博士、李杰博士、鹿傲飞博士等近百位深耕“三农”实践，全力践行乡村振兴战略的实战派研究人员。

我们计划用 3～5 年甚至更长一段时间，以丛书形式出版多部有关乡村振兴方面论著，打造一批高水平出版物，力求做到选题的针对性、作者的专业性、内容的科学性、案例的可借鉴性。希望本系列书的出版能为我国的“三农”事业和乡村振兴战略的实施做出应有的贡献。

中国农业大学出版社

2021 年春

序　言

《中国乡村振兴——农业生产环节外包行为及其效应研究》是中国农业大学王玉斌教授团队与中国农业大学出版社精心策划的“乡村七十载　振兴跨百年系列丛书”的第五部著作，也是农业社会化服务领域的一部力作。

粮食安全，国之大者。党的十八大以来，以习近平同志为核心的党中央把粮食安全作为治国理政的头等大事，提出了“确保谷物基本自给、口粮绝对安全”的新粮食安全观。近年来，我国粮食产量稳步增长，2021 年总产量达到 68 285 万吨，实现了“十八连丰”。但同时也应认识到，我国粮食供求仍处于紧平衡状态，粮食安全这根弦一刻也不能放松，尤其在当前百年变局和世纪疫情交织叠加的背景下，粮食安全的重要性更加凸显。农业社会化服务是实现粮食生产集约化、规模化、标准化的有效途径，也是实现小农户和现代农业有机衔接的基本途径和主要机制。2022 年中央一号文件强调“聚焦关键薄弱环节和小农户，加快发展农业社会化服务”。

农业生产环节外包服务是农业社会化服务的重要组成部分。随着农业青壮年劳动力大规模转移，农户在农业生产领域购买外包服务能够突破家庭资源禀赋约束、改善劳动者健康与福利水平、打破小农传统经济结构，这是转变农业发展方式，实现农业现代化的有效路径。因此，农业生产环节外包服务的重要性不言而喻。一些与之相关的问题值得进一步讨论和探究。农业生产环节外包行为的选择主体为拥有生产经营决策权的农户，在农户分化日益明显的背景下，不同类型农户不同环节外包选择行为表现出何种特征？其生产环节外包行为受到哪些因素影响？农业生产环节外包是否有利于实现农业增效和农民增收？哪些环节的外包更有利于实现这一目标？对这些问题的有效回答，将有助于拓展农业生产环节外包服务理论和指导相关实践。

王玉斌教授团队近年来聚焦农业社会化服务、农业生产性服务、农业托管等理论研究、实践调研与政策服务，开展了深入扎实的工作，承担了多项课题研究任务，发表了大量学术成果，撰写了多项政策咨询调研报告。赵培芳博士、王玉斌教授和张树彦老师，针对安徽省、湖南省和江苏省的水稻种植户开展了实地调研，获得了详实的一手数据资料，并由此深入探究种粮农户的生产环节外包行为逻辑及其效应，研究成果以学术著作《中国乡村振兴——农业生产环节外包行为及其效应研究》的形式呈现。祝贺该书出版，也希望该书能够为后续相关领域研究者提供有益借鉴，有更多的研究者关注和投身于农业社会化服务这一新兴战略性产业，为我国农业高质量发展献计献力。

农业农村部总畜牧师兼农村合作经济指导司司长

张天佐

2022 年 8 月 18 日

前　言

规模经营被认为是降本增效的有效途径。长期以来，政府和学界寄希望于通过推动土地集中流转形成集中连片的规模经营来促进现代农业发展，但实践结果却并不尽如人意。以土地流转为基础的规模化经营不仅发展缓慢，同时还面临着多重风险。实现农业规模经济，需要在充分尊重农户“乡土情结”的基础上，注重多要素投入的均衡匹配。在此背景下，农业生产环节外包服务作为农业分工与专业化的产物，被寄予改善农业生产经营绩效的厚望，肩负着推进农业提质增效和实现农业可持续发展的重要使命。

本书聚焦稻农生产环节外包行为及其效应的评估，集中回答3个问题：第一，农户作为购买生产环节外包服务的微观主体，哪些因素决定了其选择环节外包？在日益明显的农户分化背景下，不同类型农户的外包环节行为选择呈现何种特征？第二，农业生产环节外包如何影响农业生产效率？农业生产环节外包通过何种路径实现农业增效？什么样的环节外包更有助于实现农业增效？在不同农业生产禀赋条件下，环节外包对农业生产效率的影响表现出怎样的差异？第三，考虑到提高收入是家庭经营的终极目标，农业生产环节外包能否提高农户家庭收入？如果能，这种影响在不同收入群体农户中是否具有一致性？农业生产环节外包对家庭收入结构产生怎样的影响？又是通过何种路径实现农民增收？

本书在理论分析的基础上，以安徽、湖南和江苏3省水稻种植户为研究对象，运用Probit模型、ISM模型、Mvprobit模型、Poisson模型、Tobit、IV-Tobit、OLS、IV-2SLS模型、中介效应模型、工具分位数回归等计量经济学方法对上述问题展开实证研究，得出结论：

第一，关于农业生产环节外包行为影响因素的研究表明：（1）劳动密集型生产环节外包行为的深层次影响因素为年龄和受教育程度，中间层次影响因素为农业机械、种植面积和风险偏好，直接因素为家庭收入水平和养老保险。这些影响因素可归为一条路径和一个直接驱动因素。技术密集型生产环节外包行为的深层次影响因素为农业机械和种植面积，直接因素为家庭收入水平、土地细碎化和农技员指导。这些影响因素可归为一条路径和两个直接驱动因素；综合比较可以看出，不同类型生产环节外包的影响因素和深层次逻辑并不相同。劳动密集型环节外包的根源性因素主要在于农户初始禀赋，而技术密集型环节外包的根源性因素为农业经营特征。（2）在农户日益明显分化的背景下，不同类型农户的环节外包行为选择具有较大差异。与高兼业户相比，规模户倾向于在劳动密集型环节减少外包，而在技术密集型环节更愿意购买外包服务。（3）在单环节外包和外包程度分析中，相比于高兼业户，规模户会减少在整地环节外包，而在收割环节外包没有显著差异；在技术密集型环节中，规模户会倾向于购买病虫害防治服务和插秧外包，而在施肥环节，与高兼业户没有显著差异；整体而言，规模户购买环节外包服务的次数更多，而这些环节主要表现在技术密集型环节。以上分析具有较强的政策启示，即政策推行应循序渐进，针对不同主体制定相应的政策。

第二，农业生产环节外包对农业生产技术效率的研究表明：（1）农业生产环节外包显著提高了稻农生产技术效率；考虑内生性问题后，这一结果依然稳健。（2）环节异质性分析发现，技术密集型环节外包对技术效率存在显著正向影响，而劳动密集型环节外包的作用不显著；从单个生产环节来看，整地、植保和收割环节外包对水稻生产技术效率没有产生影响；而插秧环节外包存在显著正向影响，施肥环节外包存在显著负向影响。（3）影响机制分析表明，生产环节外包主要通过分工效应路径和替代效应路径影响水稻生产技术效率；其中，农业产出变量表现为完全的中介效应，农业劳动力投入变量表现为部分的中介效应。（4）异质性分析发现，农业生产环节外包对小农户技术效率的提高程度显著高于规模经营主体，这也验证了农业生产环节外包服务是实现小农户与现代农业衔接的有效路径；进一步区分不同生产环节后，发现规模户选择在插秧环节外包会降低其技术效率。(5) 土地细碎化削弱了农业生产环节外包对水稻生产技术效率的正向作用。原因可能是土地细碎化不仅增加了机械作业难度，同时也抬高了外包服务组织的供给成本，减弱了外包服务对技术效率的正向提升作用；进一步区分不同生产环节外包后，发现土地细碎化与整地环节、病虫害防治环节、施肥环节外包的交叉项系数均显著为负，说明土地细碎化程度越高，会进一步削弱环节外包对生产效率的正向作用，以及进一步强化环节外包对生产效率的负向作用。

第三，农业生产环节外包对农户收入影响的研究表明：(1) 农业生产环节外包显著增加了农户家庭人均纯收入。该结论在引入具有同群效应的工具变量，解决内生性问题之后依然是稳健的。家庭劳动力平均受教育程度、种植面积、农业投入费用、土地细碎化也是影响收入的重要因素。(2) 农业生产环节外包对家庭收入的影响在不同收入水平群体间存在差异，突出表现为“益贫不益富”的特征。(3) 从收入结构来看，农业生产环节外包对不同类型收入的影响作用不同。具体表现为：农业生产环节外包对非农收入具有显著正向作用，而对农业打工收入具有显著负向作用。进一步分析其作用机制，发现非农就业时间和务农劳动力占比均具有部分中介效应。(4) 不能片面地认为农业生产环节外包对所有农户都具有增收效应。异质性分析发现，在不同规模和不同老龄化程度的农户中，农业生产环节外包的增收作用具有明显差异。相对于年轻农户，老年农户通过生产环节外包能够增加农业打工收入；相对于规模户，小农户通过生产环节外包能够增加非农就业收入，这也意味着农业生产环节外包对小农户具有增效增收的作用，进一步推进农业生产环节外包服务的均衡发展，有利于实现小农户与现代农业的有效衔接，同时也能够实现农户增收，对解决“三农问题”具有重要意义。

基于上述研究结论，为推进我国农业生产环节外包服务均衡发展，实现农业增效和农民增收提供有益参考，特提出以下政策建议：(1) 结合不同类型农户禀赋，有序推进农业生产环节外包服务发展。(2) 完善环节外包服务体系，推进农业生产环节外包服务的高质量发展。(3) 加强农村基础设施建设，改善农业生产环节外包作业环境。(4) 重视提高农民的非农就业能力，拓宽非农就业渠道。

本研究是赵培芳博士、王玉斌教授和张树彦高级会计师在农业农村部“农业生产托管发展情况调度分析”项目资助下完成的。本书作为乡村振兴与农业社会化服务、农业生产环节外包行为及效应研究成果之一，希望对相关学术研究、业界实践及政策制定等有所裨益。

因时间和水平所限，本书错漏之处难免，恳请各界朋友不吝指正。

编　者
2022 年 4 月

目　录

第一章

导 论

引言：农业生产环节外包服务在未来的推进和发展，直接关乎农业高质量发展和农业现代化的实现。在日益明显的农户分化背景下，哪类农户更倾向于购买环节外包服务？农业生产环节外包是否有利于实现农业增效和农民增收？什么样的环节外包更有利于实现这一目标？基于以上问题，本章提出本书的研究背景、研究意义、研究目标、研究内容以及研究方法，为后续研究奠定基础。

第一节 研究背景与研究意义

一、研究背景

“仓廪实，天下安。”农业在国民经济中具有基础性和支柱性作用。改革开放以来，我国农业经营成效显著，为国家工业化发展和城市建设做出了巨大贡献。但进入新时代，农业发展面临多重挑战，尤其表现为农业生产成本的持续上升（杜志雄和肖卫东，2019），小农经营格局和农村劳动力的持续外移是引发农业生产成本持续上涨的重要原因。规模经营一直被认为是降本增效的有效途径。长期以来，政府和学界寄希望于通过推动土地流转形成集中连片的规模经营来促进现代农业的发展，但实践结果却不尽如人意。以土地流转为基础的规模化经营不仅发展缓慢，还存在恶化要素市场环境、压缩小农生存空间等诸多效率风险、政治风险和社会风险（罗必良，2017a）。此外，农民的“乡土情结”使其对土地具有较强的控制偏好，农地流转逐渐沦为“小农”复制（匡远配和陆钰凤，2018；罗必良等，2021）。由此出现的现实反差是，农地流转的高潮并没有随着政策的推行而到来。实现农业规模经济需要同时兼顾农户的“乡土情结”。

规模经济的本质在于分工与专业化（罗必良，2017b）。在农地规模经营面临困境的现实格局下，农业生产环节外包通过服务型规模经营提供了新思路，成为突破家庭资源禀赋约束、打破小农传统经济结构、推动农业适度规模经营和实现农业现代化的有效途径（钟真等，2020；张永强和田媛，2021）。农业生产环节外包是指微观农业生产经营主体根据自身实际生产需求，将农业生产过程中的部分或全部环节交由更具专业化和比较优势的生产大户、专业服务队或农业合作社等主体完成，并向其交付一定资金报酬的分工行为。相比于土地流转形成的规模经营，环节外包既不改变土地经营权和承包权，也不改变土地的经济和社会保障功能，受到社会各界的广泛认可和接受。从政策层面看，21 世纪以来的中央一号文件均不同程度地对农业社会化服务做出了部署。2013—2020年，中央财政累计投入190亿元支持农业社会化服务。由此可见，农业生产领域外包服务的重要性不言而喻，已然成为农业生产转型中不可或缺的环节。

尽管农业生产环节外包在释放劳动力、改善劳动者健康与福利水平以及推动农业生产机械化、现代化等方面具有较大优势而备受社会各界重视，但在农业生产中仍面临不同程度的问题。首先，不同类型环节外包服务采纳失衡是制约农业生产性服务发展的突出问题。早期的农业生产环节外包服务主要表现为机械对劳动力的替代（李丹，2021）。随着外包服务的不断发展，病虫害防治、施肥管理等技术密集型环节外包服务逐渐兴起，此类服务在提升生产效率以及改善农业生产经营方式等方面优势显著，但却一直陷入农户采纳程度偏低的困境（刘家成，2019a）。农户作为农业生产经营的关键主体，拥有农业生产经营的直接决策权，其生产环节外包行为受到哪些因素的影响？在日益明显的农户分化背景下，不同类型农户的环节外包行为表现出何种特征？环节外包服务下一步应如何发展？这些问题的回答对推进我国农业生产性服务的可持续发展具有重要意义。其次，在经济发展进入新常态和农业生产性服务政策不断优化的宏观背景下，虽然农业生产环节外包服务市场逐渐形成并日益活跃，但外包对农业生产技术效率的影响却有待商榷。农业生产过程的季节性和连贯性特征，导致难以精准判断各个环节对农业产量的影响。外包服务的采用虽然在一定程度上能够缓解家庭资源的禀赋约束，保证农业生产的顺利进行，但其本质仍属于典型的委托代理行为，服务过程中容易产生交易关系松散、质量难以保证等问题（张永强和田媛，2021），极有可能压缩农户的获利空间，引起粮食产量与效率的不利波动。由此可见，虽然政策导向上对农业生产环节外包服务的作用予以了肯定，但其对农业生产技术效率的影响还有待进一步深入挖掘。因此，农业生产环节外包能否提升农业生产效率，目前仍缺乏充足的证据。最后，提高收入是农户家庭经营的终极目标，农业生产环节外包能否实现农民增收需要从多个角度进行讨论。农户作为农业生产经营的主体，只有保障其经济福利的不断提升，才能进一步促进外包服务需求的扩大。

已有研究对农业生产环节外包行为影响因素及其效应展开了丰富而有益的探讨，研究结论不乏真知灼见，但在分析影响因素时多侧重于某一变量，在研究外包效应时多集中于是否影响，鲜有研究将这些问题纳入统一框架进行系统、全面的综合分析，从而不利于对农业生产环节外包行为及其效应的全面把握。另外，迫于现实的紧迫性，农业生产环节外包服务在未来的推进和发展，直接关乎农业高质量发展和农业现代化的实现。在日益明显的农户分化背景下，哪类农户更倾向于购买环节外包服务？同时更值得我们思考的是：农业生产环节外包是否有利于实现农业增效和农民增收？什么样的环节外包更有利于实现这一目标？已有研究更关注回答是否外包会给农业生产和农民增收带来什么影响，而关于农业生产环节外包对农业增效和农民增收影响的异质性和实现机制关注不够。后者不仅是一个值得深入探讨的理论问题，而且对于引导外包服务市场的健康发展、激发其发展潜能以及实现农业现代化等方面均具有重要意义。基于此，本研究聚焦于农业生产环节外包行为及其效应的评估，集中回答以下3个问题：

第一，农户作为购买农业生产环节外包服务的微观主体，哪些因素决定了其选择环节外包？在日益明显的农户分化背景下，不同类型农户的外包环节选择呈现何种特征？

第二，农业生产环节外包如何影响农业生产技术效率？农业生产环节外包通过何种路径实现农业增效？什么样的环节外包更有助于实现农业增效？在不同农业生产禀赋条件下，环节外包对农业生产技术效率的影响表现出怎样的差异？

第三，农业生产环节外包能否提高农户家庭收入？如果能，这种影响在不同收入群体农户中是否具有一致性？农业生产环节外包对家庭收入结构产生怎样的影响？又是通过何种路径实现农民增收？

水稻不仅是我国种植面积最大、单产和总产量最高的粮食作物，也是容易引发国内粮食供求失衡的先导性和敏感性品种之一（毛学峰等，2015）。确保水稻的高产和稳产，对保障国家粮食安全、优化粮食种植结构和稳定农民收入都具有不可替代的重要作用。因此，围绕水稻作物开展生产环节外包服务的相关研究，对推进我国农业生产环节外包服务的快速发展，保障粮食安全具有较强的现实意义。安徽、湖南和江苏是我国长江流域重要的水稻种植省份，水稻种植历史悠久，农业生产方式变革领先于其他地区，生产环节外包服务体系相对完善，对其研究具有较好的代表性。

基于上述研究背景和问题，本研究在梳理相关文献的基础上，构建生产环节外包行为及其效应的理论分析框架；利用 3 省水稻种植户的调研数据，对农户生产环节外包行为的影响因素进行分析，并探究影响因素内在的深层逻辑；进一步地，从技术效率和家庭收入的角度，考察农业生产环节外包的经济效应，分析其异质性和作用机制。通过研究分析，旨在厘清我国未来农业生产环节外包的发展态势，为推进农业生产环节外包服务的均衡持续发展，实现农业增效和农民增收提供有益参考。

二、研究意义

在土地流转规模经营模式弊端日益凸显、农业生产成本不断攀升的宏观背景下，农业生产环节外包服务被赋予了推进服务规模经营、改善农业生产经营模式和实现农业现代化等多重使命。在当前小农经济模式下，如果农业生产的主要环节难以实现外包，或环节外包的优势没有充分显现，将会削弱环节外包在农业经济发展中的正向作用。为此，本研究通过梳理文献和相关理论，构建统一的分析框架，在探讨农业生产环节外包行为影响因素及其内在逻辑的基础上，检验农业生产环节外包对农业生产技术效率和家庭收入的影响及作用机制。值得一提的是，本研究在分析过程中充分考虑了环节异质性和农户异质性，以期为推进我国农业生产环节外包服务的均衡发展和农业现代化提供有益参考。本研究的理论意义和现实意义主要表现在：

1. 理论意义

本研究的理论意义首先体现在对农业生产环节外包相关问题研究的丰富与拓展。本研究在验证农业生产环节外包效应的基础上，将研究重点侧重于探讨其中的异质性和影响机制，而这一点在现有研究中相对缺乏，捋清它们之间的关系，有助于进一步深化对农业生产环节外包经济效应的认识，同时研究结果对于当前小农户与现代农业发展有机衔接发展战略更具启示意义。

2. 现实意义

本研究的现实意义主要体现在：第一，随着农村劳动力持续性向城镇大量转移，农户分化特征明显，进而会影响其外包决策行为。结合我国现实情境，在农户分化背景下，识别促进或抑制农业生产环节外包行为的关键影响因素，对于推进我国小农生产背景下农业分工的进一步深化和完善相关农业生产性服务政策具有重要意义；第二，在经济转型时期，农业生产的外部环境已然发生了重大变化，从微观层面分析环节外包对农业生产效率的影响程度、异质性及作用机制，对于推进农业高质量发展具有现实指导意义；第三，准确评估农业生产环节外包对家庭收入的影响程度、作用路径以及差异化，能够有效破除政策机理和农户微观行为之间的鸿沟，对完善农业生产性服务政策具有重要的现实意义。

第二节 文献综述

农业生产环节外包是资本替代要素的有效途径，不仅能弥补家庭农业资源禀赋约束问题，也能够在服务过程中将先进技术引入农业生产，推进农业现代化进程。农业生产环节外包行为是诸多要素共同作用的结果，同时也必然会对农业生产经营以及家庭收入带来多元化影响。按照这一逻辑，本节将从农业生产环节外包的相关概念、影响因素及其对技术效率和收入的影响等 5 个方面进行系统梳理和归纳，旨在厘清已有研究脉络，为后文的理论分析及实证研究奠定基础。由于现有文献关于农业生产环节外包的概念还没有统一标准的界定，目前讨论的土地托管、农业生产性服务、农业社会化服务等均属于同类概念范畴，且在文献分析中存在概念混用的现象。因此，本节对这些提法的相关文献也进行了总结。

一、农业生产环节外包的研究缘起

1. 外包

外包的概念最早由 Prahalad 和 Hamel 提出，其含义是指企业在综合考量自身业务能力时，应专注于推进核心业务和核心资源的发展，而将非核心业务分包给外部其他企业完成，从而全面提高自身在市场中的核心竞争力（Praharad 和 Hamel，1990）。外包发轫于 20 世纪 80 年代的制造行业，最初产生的动因是一些工业企业为了降低生产成本和提高经营收益，将产品的非关键环节通过合同形式分包给其他企业进行供货（王习农，2012）。到20世纪90年代，外包活动开始向服务业领域拓展，而不再只局限于制造业。Quelin和Duhamel（2003）提出服务外包不仅能实现价值创造还能实现价值转移。关于服务外包产生的动因，学界也从不同角度进行探讨。陈菲（2005）认为服务外包的动因不仅受到技术、经济和市场等外部环境的拉动，同时也受到企业节约成本和提高核心竞争力等内部推动的影响。还有学者从提高外部竞争、建立长期稳定的合作关系等方面阐释了服务外包产生的动因（Bergkvist和Johansson，2007；Vitasek和Manrodt，2012）。整体而言，服务外包的优势主要是能够最大化企业内部核心竞争力，使企业充分利用外部合作者的专业化优势，提高自身的市场地位（Quinn，1994，1999，2000）。

2. 农业生产环节外包

农业生产环节外包符合外包的基本定义，是一种保持自身核心优势，充分利用外部服务协助家庭完成环节作业，在节约生产成本的同时获得更高生产效率的管理模式。具体而言，农业生产环节外包是指农户在拥有土地经营权和承包权的基础上，将农业生产的部分或者全部环节以一定的价格转移给市场上其他服务主体完成作业的一种行为，其对缓解家庭资源约束和提高要素利用率具有重要作用（王志刚等，2011）。农业生产环节外包服务的供应主体通常包括种粮大户、家庭农场、专业化服务组织和合作社等。当前农业生产环节外包的相关研究主要集中在产中环节。

梳理关于农业生产环节外包服务产生原因，可概括为3个方面：一是农业生产经营主体对外包服务的需求不断增加。改革开放以来，农村劳动力的大量外移使得农业生产中的老龄化、妇女化、兼业化现象普遍（王翌秋和陈玉珠，2016；钟甫宁等，2016），并且在短期内难以得到有效改善。因此，为保障家庭农业经营收益，从外部市场购买环节外包服务来弥补家庭内部的短缺资源，成为一种必然的趋势。二是农业生产环节外包服务供给组织的有利可图。在农户对农业环节外包服务有一定需求的背景下，服务供给组织通过为农户提供集中连片的服务，获得了服务规模经济效应。三是现代农业发展的需要。随着市场经济的发展，微观小农户与大市场之间衔接的问题愈加突出，为更好对接市场需求和推进农业的高质量发展，需要发挥农业生产环节外包服务市场的作用（冀名峰，2018）。

然而，由于选择视角的不同，相关学者对农业生产环节外包服务的划分也不尽相同。陈思羽和李尚蒲（2014）根据生产环节特性，将需要较高技术含量的播种、施肥和打药环节归类为技术密集型环节，对用工量和劳动力体能要求较高的灌溉、机耕、收割环节归类为劳动力密集型环节。胡新艳等（2015）根据专家对环节特性的评分，将耕整、播栽、收获等环节归为劳动密集型环节，种苗、施肥、灌溉、植保、除草和储运等环节归为技术密集型环节。王志刚等（2011）根据水稻生产对劳动力需求和技术要求的特征，将整地和收获环节归为劳动力密集型环节，移栽环节归为半劳动半技术密集型环节，育秧和病虫防治环节归为技术密集型环节。申红芳等（2015）将整地和收割环节归为劳动密集型环节，育秧、移栽和病虫害防治环节归为技术密集型环节。张忠军和易中懿（2015）根据生产环节对于劳动、知识和技术的需求特性，认为整地、移栽、收割环节因其对劳动力或者机械的需求较大，属于劳动密集型环节，育秧、病虫害防治等环节对技术要求相对较高，属于技术密集型环节。陈超和唐若迪（2020）也采用了这种划分方法。李丹等（2021）认为整地和收割环节属于劳动密集型环节，插秧、施肥和打药环节属于技术密集型环节。除了从环节特征对劳动力和技术需求划分外包环节外，还有学者按照资本使用特征和劳动需求特征，将生产环节外包划分为资本密集型环节（播种、收割和干燥环节）和劳动密集型环节（植保、灌溉和追肥环节）（段培等，2017）。李虹韦和钟涨宝（2020）根据不同环节对场地和实物资产投资的大小，将不同环节外包服务划分为通用资产服务和专用资产服务。

二、农业生产环节外包行为影响因素的研究

作为社会分工和市场经济的产物，农业生产环节外包服务得以迅速发展的关键在于农业微观经营主体的有效需求。农户的态度与行为关系到农业生产环节外包的运行与发展。近年来，国内外学者运用多种计量模型方法，对农业生产环节外包行为的影响因素展开了大量的研究，成果颇为丰富。这些因素可以归纳总结为农户特征、家庭特征、土地禀赋特征、环节特征以及制

度因素5大类。其中，土地要素是农业生产的基础，良好的土地禀赋条件为环节外包服务的发展提供了便利；农户作为农业生产经营主体，其个体特征和家庭特征在农业生产环节外包行为决策中发挥着关键作用；此外，环节特征和相关制度也深刻影响着农业生产环节外包行为。

1. 土地禀赋

土地作为农业生产中最重要的生产要素（吴重庆和张慧鹏，2019），对农业生产以及农业生产环节外包产生重要影响。土地资源禀赋主要包括土地细碎化、经营规模和地形条件等方面。

土地细碎化对农业生产环节外包行为产生负面影响，原因是土地细碎化不利于土地的有效集中和规模经营，增加了机械化作业难度以及采用成本（蔡荣和蔡书凯，2014；申红芳等，2015）。展进涛等（2016）通过江苏和江西两省水稻种植户的调研数据发现，土地细碎化通过"可行性效应"和"价格效应"阻碍了环节外包行为，而且这种阻碍作用在劳动密集型环节中表现得更加明显。罗明忠等（2019）提出农地细碎化抬高了环节外包的服务费用，从而抑制农业生产环节外包。蔡荣和蔡书凯（2014）、徐建玲等（2019a）也得出相似结论。但也有研究认为，土地细碎化并不会阻碍农业生产环节外包。如陈昭玖和胡雯（2016）认为土地细碎化带来的生产风险和技术风险能够通过生产环节外包得到缓解，因此土地细碎化程度越高的农户，越倾向于选择环节外包。

农地经营面积是影响农业生产环节外包行为的重要因素之一。部分学者认为二者之间具有正向作用。段培等（2017）基于河南和山西农户的调研数据，通过实证研究发现，种植面积越大的农户，面临的劳动供给约束越强，从而更倾向于购买环节外包服务。张强强等（2018）通过对陕西、甘肃和山东种植户的研究也佐证了这一观点。但也有不少学者的研究得出与之相反的结论，认为农地经营规模与农业生产环节外包呈反向关系（许秀川等，2017）。原因是规模经营农户面临的资金约束较弱，能够通过独立投资农业机械替代外包服务。此外，还有学者提出，农地经营规模与农业环节外包并不只是线性关系。如胡新艳等（2015）发现二者之间存在"倒U形"关系。陈江华和罗明忠（2018）提出土地规模与整地环节外包、收割环节外包分别呈现出“U形”和“倒U形”关系。李虹韦和钟涨宝（2020）基于湖北623户农户调研数据，发现土地规模与通用资产服务、专用资产服务分别呈现“U形”和“倒U形”关系。

地形通过影响外包环节作业的便利性，进而影响农业生产环节外包行为。现有研究中，关于地形对农业生产环节外包行为影响的结论基本一致，即平坦的地形有利于开展环节作业，降低外包服务成本（洪炜杰等，2017）。陈江华等（2016）提出平原地形对生产环节外包及其外包程度均有显著正向影响。而在非平原地区，农业生产环节外包的获得难度和服务成本相对较高，农户更倾向于雇工服务。

2. 农户特征

农户特征主要包括年龄、受教育水平、性别、风险偏好等因素。

在年龄方面，一般来说，农业生产活动属于高强度的体力劳动，年龄越大的农户，因精力和体力有限而倾向于选择环节外包服务（周丹等，2016；徐建玲等，2019a；方师乐等，2020）。但也有研究认为，年龄与生产环节外包服务之间呈反向关系。其原因是年龄越大的农户获得非农就业的工作和机会越低，在其具有一定劳动能力的情况下，为节省农业成本支出会尽量减少购买环节外包服务（张强强等，2018；王志刚等，2011；赵培芳和王玉斌，2020）。还有学者进一步区分生产环节后，发现年龄对不同类型环节外包行为影响具有显著差异。申红芳等（2015）基于7省21县的调研数据，发现由于老年农户难以完成高强度的田间作业，对整地、收割环节的外包需求较大。蔡荣和蔡书凯（2014）利用安徽水稻种植户的调研数据，发现农户年龄对育秧环节外包存在显著的负向影响。陆岐楠等（2017）提出老年农户仅在高劳动强度环节购买外包服务，并提出在研究老年人的生产环节外包行为时，应考虑非农劳动力是否住家这一变量，否则会影响估计结果。还有学者提出年龄与农业生产环节外包之间呈现非线性关系。陈江华等（2016）基于全国8省微观调研数据，发现年龄与农业生产环节外包之间存在先上升再下降的“倒U形”关系。

在受教育方面，多数研究认为文化程度高的农户更易于接受农业生产环节外包。段培等（2017）研究认为，农户文化程度对植保、追肥环节外包以及外包环节个数均存在显著的正向作用。王志刚等（2011）基于全国 8 省 2 381 户稻农的调研数据，发现受教育程度仅对插秧环节有正向作用。也有研究指出，受教育程度对农业生产环节外包并没有显著影响。胡新艳和米薪宇（2020）使用全国 9 省 2 704 户农户的调查数据，发现户主文化程度对农户购买农机服务并没有显著影响。陆岐楠等（2017）也证实了这一观点。

由于农业生产环节外包过程中存在自然风险和道德风险，因此，农户风险偏好也对农户环节外包行为产生影响。杨志海（2019）基于长江流域粮食主产省农户的研究发现，风险偏好的生产决策者更倾向于选择外包。孙顶强等（2019）基于江苏省 408 户水稻种植户的调研数据，发现风险规避程度较高的农户更倾向于减少外包服务支出；徐建玲等（2019b）认为风险偏好对整地、收割等低风险环节没有影响，而对育秧、插秧等风险较高环节存在显著的正向作用。

3. 家庭特征

家庭联产承包责任制确认了家庭是我国农业生产经营的最小单元。家庭禀赋会直接影响农户决策行为的机会成本。与个人利益相比，家庭利益最大化是农户行为决策的主要出发点。梳理前人有关家庭特征对农业生产环节外包行为影响的研究，多数学者将重心放在家庭非农就业状况和收入两方面。

理论上讲，向外迁移或转移的农村劳动力虽不直接参与农业生产，但他们仍可以通过多种路径影响农业生产要素投入。学术界关于非农就业对农业生产环节外包的影响已进行了大量研究，但未得出一致结论。部分学者认为，非农就业会促使农户家庭购买农机服务，以此替代减少的农业劳动力（苏卫良等，2016；纪月清和钟甫宁，2013）。方师乐等（2020）进一步将非农就业划分为外出非农就业和本地非农就业，发现无论农户是在外地还是在本地就业，都会对农机服务需求产生正向影响。也有学者对此持相反观点。胡雯等（2016）指出，非农劳动力占比越高的家庭，越会减少农地经营面积，从而降低了整体的外包服务费用。此外，还有学者提出农户兼业对不同环节外包行为的作用效果不同。如蔡荣和蔡书凯（2014）认为非农就业仅对植保环节外包有正向作用，而对其他环节外包没有显著影响。赵培芳和王玉斌（2020）从劳动力兼业和收入兼业化水平两个角度出发，发现非农就业对整地环节外包的促进作用大于植保环节。

农业生产环节外包属于农业投入的一部分，而农业投入主要来自家庭收入。一般而言，家庭收入越高，越能缓解生产环节外包的资金约束，从而实现外包需求向实际行为的顺利转化（张燕媛和张忠军，2016）。周丹等（2016）对黑龙江和湖南2省水稻种植户的实证分析，发现家庭收入对农业生产环节外包具有正向影响，徐建玲等（2019a）也佐证了这一结论。

4. 环节特征

不同环节作业的特性也是影响农户环节外包行为选择的关键因素。孙顶强等（2019）从环节作业难度和质量识别难度的角度，探究农户环节外包行为的差异性，结果发现，作业质量识别难度会影响农户植保环节外包行为，而作业难易程度对整地和收割两个环节产生显著影响。此外，生产环节外包作为一种在市场经济中可交易的服务性商品，遵循供给需求的规律（申红芳等，2015），即外包环节服务价格直接影响服务需求。周丹等（2016）也得出类似结论。但也有研究认为农业生产环节外包行为并不受到环节外包价格的影响，原因在于当前环节外包服务市场属于供给方市场，农户只能被动接受外包服务价格，并没有讨价还价的能力（段培等，2017）。

5. 制度特征

产权的清晰界定是降低交易费用、解决外部性问题以及提高资源配置效率的关键（张元庆和邱爱莲，2013；周燕，2015；曾世宏和夏杰长，2015；陆倩等，2016）。农地产权政策作为我国土地制度一直以来的基础性制度条件，不仅决定着生产经营主体的构成和发展，同时也影响着农业生产要素的投入配置比例（卢华等，2016；李宁等，2017；张琳等，2020）。现有研究多从农地确权和产权稳定性的角度探讨农地制度对农业生产环节外包行为的影响，并得出不同结论。胡新艳和米薪宇（2020）基于实证分析发现，不稳定的农地产权会抑制农户自主投资的积极性，导致其被动选择农机外包服务这种迂回投资的方式，农机服务对农户而言并不是一种最优选择，而是次优结果。陈江华和罗明忠（2018）提出农地确权能够提升农地转入方经营规模的预期稳定性，激励其投资农业机械，从而间接降低生产环节外包行为的概率。但也有学者研究发现，农地确权对农业生产环节外包行为存在正向作用。如陈昭玖和胡雯（2016）通过构建“产权—交易—分工”的分析框架，发现农地确权推进了农地经营权的细分，拓宽了市场交易范围，从而有利于促进农业生产环节外包，但产权的稳定性对农业生产环节外包并没有显著影响。李宁等（2019）借助2016年中国劳动力动态调查（China labor-force dynamics survey，CLDS）数据，也得出相似结论。

6. 其他因素

除农户个人特征、家庭特征、土地要素禀赋以及环节特征因素外，一些学者另辟蹊径，从其他视角展开了研究，并提出了有意义的研究成果，在此进行简单梳理。

刘家成等（2019b）提出村域内农户之间的共同合作是实现外包服务规模经济的关键环节。因此，村庄和谐治理也是影响农业生产环节外包的重要因素。此外，刘家成等（2019c）还从农户与专业化服务供给方的相对劳动生产率差距的角度进行分析，提出劳动生产率相对差距对不同农作物的农业生产环节外包行为均具有正向作用。此外，行政力量也是推进农业生产环节外包发展的重要因素，村干部在推进村域农业生产外包服务发展中发挥了重要的表率作用（谢琳和钟文晶，2017）。陆岐楠等（2017）基于江苏和安徽省的实地调研，发现“曾经当过村干部或正在当村干部”在植保环节外包服务中具有显著正向作用。另外，段培等（2017）从农户心理状态的角度出发，提出农户外包意愿是农户外包行为潜在的影响因素。张宗毅和杜志雄（2018）通过构建理论模型分析了农户购买环节外包服务，是综合考虑自身机会成本、农机使用成本和环节作业价格的结果。

三、农业生产环节外包对家庭资源要素配置的影响研究

农业生产环节外包作为一种生产要素投入，是农户基于成本收益综合考量后做出的最优化选择。近年来，随着劳动力务农机会成本的上升，农业生产环节外包服务成为破解家庭禀赋约束和提高生产效率的有效途径。农业生产环节外包的引入势必会对农户家庭资源要素配置产生影响，主要表现在对种植结构、种植面积、劳动力转移等因素的影响。

在种植结构调整方面，罗必良和仇童伟（2018）认为在农业劳动力刚性

约束与农业社会化服务迅速发展的背景下，农户转入土地后更倾向于种植粮食作物，种植结构向“驱粮化”转变。张宗毅和杜志雄（2015）也得出了相似结论，提出规模大的家庭农场会提高粮食种植面积，而减少蔬菜种植面积，从而使家庭种植结构发生变化。Ji et al.，（2017）研究表明，农机作业服务的可获得性将影响农户种植结构决策。檀竹平等（2019）提出服务外包能够缓解家庭农业劳动力的刚性约束，诱导农户种植粮食作物而改变农户原有的种植结构。仇童伟和罗必良（2018）利用2006—2015年省级面板数据，发现农业社会化服务市场的发育会抑制土地流转市场的发育，并促使农户自发调整种植结构。也有学者研究了农业社会化服务对粮食作物内部种植结构的影响，如王全忠等（2015a）基于2004—2010年农村固定观察点数据，发现农机社会化服务虽然缓解了农业时间约束和劳动强度约束，但并不会激发农户种植双季稻的积极性。周利平等（2021）基于全国9省调查数据，发现农业生产环节外包不仅对种植结构的调整具有直接作用，还在农户兼业影响种植结构的过程中发挥着部分中介效应。

在农地经营面积方面，部分学者认为农业生产环节外包带来的服务规模经营，不仅能够降低农业要素投入成本，还能够在一定程度上解决农业有效劳动力不足与农业规模化经营不匹配的矛盾（张燕媛和张忠军，2016），从而诱导农户增加农地需求。还有学者提出农业生产性服务的交易效率高于土地经营权的交易效率，因此，农户能够以服务规模经营替代土地流转型的规模经营（胡新艳等，2015）。王志刚等（2011）提出，服务规模推进农业规模经营的路径首先是从劳动力密集型环节外包到技术密集型环节外包发展，进而实现全生产环节外包，最终推进农业规模经营。杨万江和李琪（2018）认为，农业生产性服务弥补了家庭农业劳动力短缺的问题，其不仅有助于提高不同兼业农户的种植面积，也缓解了农业劳动力流失对种植面积造成的负面影响。洪炜杰（2019）认为农业生产环节外包主要通过降低生产成本和提高农地经营效益，而诱导农户转入土地。戚迪明等（2015）发现生产环节外包能够显著影响农户土地规模经营意愿，尤其是对于农业收入为主的农户。姜松等（2016）利用中国住户收入调查（Chinese household income project survey，CHIP）数据发现，不同类型的农业服务对土地规模经营的影响具有差异性。杨子等（2019a）解决内生性问题后，发现农业社会化服务通过缓解家庭农业劳动力约束、技术约束和资金约束，促进了土地规模经营的发展。翁贞林和徐俊丽（2019）进一步区分不同环节的外包服务，发现整地和收割环节的外包服务对农户转入土地有正向作用。蔡键和刘文勇（2017）提出在我国家庭承包经营体制下，短期内试图通过土地流转形成规模经营是难以实现的，而通过专业分工形成的农机服务不仅能够分摊农机购置成本，同时也能帮助农户以较低的资金投入，实现大马力机械与小规模经营的匹配。但也有学者对此提出不同观点，认为农户购买农业服务，并不会对粮食播种面积产生影响（杨进等，2018）。

四、农业生产环节外包对农业生产效率影响的研究

在农业生产环节外包效应的讨论中，分析农业生产环节外包对农业效率影响的文献相对较多。从理论上看，农业生产环节外包对农业生产效率的影响可以划分为两个方面，即资源优化配置和外包服务质量。其中，资源优化配置表现在，农业生产能力低的农户将自己不善于经营或不具有优势的环节作业外包给其他服务组织，而外包服务组织能够充当人力资本和知识资本的传送器，将高附加值的资本与技术导入到农业生产中，在迂回生产中提高要素的利用率，弥补了家庭农业劳动力数量短缺和质量不足的问题，从而实现土地与农业生产能力的匹配，保证农产品产量和质量不过分下降，最终提高农业生产效率（张忠军和易中懿，2015）。然而，农业生产的不可分性、连贯性和季节属性，导致农业投入要素和产出之间的关系并不明确，各个生产环节外包的作业质量及效果难以精准量化。农业生产环节外包服务过程出现的委托—代理问题可能会对农业生产效率产生负面影响。

现有研究选取技术效率、土地产出率、劳动产出率、全要素生产率、成本利润率等作为农业生产效率的衡量指标。这些指标可以分为两大类：第一类主要研究农业生产环节外包对单要素生产效率的影响，主要包括土地生产率、劳动生产率、成本利润率等，衡量方式通常选择单位土地产出、单位劳动的农业产出以及单位成本收益等；第二类则是通过测度能够观测到的要素投入组合的产出效率，如采用技术效率、全要素生产率等。总体来说，由于研究对象、研究方法以及生产效率的衡量方式不同，农业生产环节外包是否

有利于农业生产效率的整体提升在经验研究中尚未得出一致结论。

1. 农业生产环节外包对单要素生产率影响研究

农业生产环节外包对单要素生产率的影响主要分为对劳动生产率、土地生产率以及成本利润率 3 类。陈超等（2012）以水稻单产指标来衡量生产率，提出外包主要通过影响农业生产各环节的平均生产率和学习的正外部性来提高生产率，生产环节外包对农业生产率存在正向作用，但不同环节外包对生产率的影响存在差异，相比于以劳动替代为主的生产环节外包而言，以技术替代为主的生产环节外包能够带来更大的生产率效应。周利平等（2021）也得出类似结论。文高辉等（2021）以湖北省县域数据，发现农机服务与劳动生产率具有显著的空间正相关关系。

2. 农业生产环节外包对技术效率的影响研究

随着研究的深入，部分学者认为单要素生产率无法综合反映粮食生产过程中，要素配置变化所引起的技术效率变动，为了能够观测到要素投入组合中的产出效率，使用技术效率或全要素生产率等指标更为合理。从宏观数据的研究来看，张丽和李容（2020）利用 2004—2016 年全国 31 个省份粮食生产投入产出的面板数据，发现农机服务对粮食全要素生产率的增长具有显著的促进作用。郝爱民（2011）运用省级面板数据，发现农业生产性服务业对我国农业产业结构调整、农民增收和农业效率提升均有重要作用。

随着微观数据的深入，不少学者从微观调研数据着手，更加细致地分析农业生产环节外包对农业生产技术效率的影响，认为农业生产环节外包能够弥补家庭人力资本下降对农业生产的负面影响，同时依托外包服务组织的专业技术和设备优势，将小农户卷入社会分工中，促进新技术的应用（田红宇和付玮琼，2021），改变农业生产投入的要素结构，提高农业产出水平和农业技术效率（Alwarritzi et al.，2015；Ma et al.，2018；Zhang et al.，2017），这些路径可进一步归纳为分工效应、技术效应和劳动替代效应（杨子等，2019b；胡祎和张正河，2018）。部分学者从是否接受服务（杨万江和李琪，2017；杨彩艳等，2018）、服务支出（孙顶强等，2016）、服务程度（周宏等，2014）等角度衡量农业生产环节外包服务，基本上认同农业生产环节外包对农业生产效率的正向作用（Wolf，2003；Picazo Tadeo 和 Reig Martinez，

2010；Gillespie et al.，2010；田红宇和冯晓阳，2019）。陈品等（2018）发现生产环节外包有助于缓解农时延误的负面影响，从而保证了粮食产量。

但是，也有文献认为，农业生产环节外包并不必然能带来农业生产技术效率的改善。一个直接原因是，农业生产环节外包属于一种在市场上可交易的服务商品，在市场中不可避免地会产生交易费用，而这极有可能抵消专业化分工带来的收益，使农业生产环节外包对于农户而言，只是增加了一道外包环节，而没有产生明显的效率提升。如董欢和郭晓鸣（2014）提出生产环节外包服务可能会对粗放经营形成事实上的变相支持，不仅对传统农区土地规模经营形成有效激励，也没有明显提高农业单产，甚至有可能加深“懒庄稼”的种植现象，最终导致农业生产向粗放经营倒退。还有一种解释是外包服务需要一定的市场容量才能形成服务规模经济，否则难以发挥环节外包服务的优势。武舜臣等（2021）利用 2014 年和 2016 年的 CLDS 数据，发现只有当经营面积超过一定阈值时，农机作业服务外包才会对农业生产技术效率产生正向提升作用，否则二者之间具有负向作用。除此之外，还有学者指出农业生产环节外包本质属于典型的委托代理行为。农业的自然属性使农业服务供给者容易做出损人利己的机会主义行为（蔡键和刘文勇，2019），从而制约专业化分工带来的效率提升（Coelli 和 Battese，1996），尤其是由村集体统一提供的外部农机服务，并不具备农机服务的供给灵活度，容易造成农业生产技术效率的耗散（耿鹏鹏，2021）。

由于各环节的生产技术、作业标准化程度以及劳动监督程度的不同，学者进一步分析了不同生产环节的外包服务对农业生产技术效率的影响，得出不一致的研究结论。张忠军和易中懿（2015）发现劳动密集型环节外包并不具有显著作用，而技术密集型环节外包具有显著影响。黄季焜等（2008）提出病虫害防治服务能够较为准确地把握施药时间和施药频率，规避单个农户对施药时间点和次数把握不准确的问题，从而节约生产成本和提高产品质量。与此观点不同的是，孙顶强等（2016）和卢华等（2020）认为病虫害防治环节因存在较为严重的劳动监督问题，在该环节购买外包服务对农业生产技术效率会产生负向影响，但在其他环节，两位学者的结论又不完全一致，如孙顶强等（2016）提出整地和播种环节外包服务有利于提高水稻生产技术效率，收割环节外包服务对农业生产技术效率影响不显著；而卢华等（2020）则认为插秧和收割环节的外包服务对技术效率具有正向作用，整地环节对生产技术效率的影响不显著。整体而言，不同类型的农业生产环节外包服务对农业生产技术效率的影响存在显著差异。

五、农业生产环节外包对农户收入影响的研究

理论而言，只要是农户自愿选择的环节外包，都应该会增加家庭收入和提高家庭整体效用水平，但实际效果果真如此吗？杨志海（2019）基于长江流域 1 027 个农户的实地调查数据，采用内生转换模型对潜在的内生性进行控制后发现，农业生产环节外包通过资源配置与专业分工机制提高农户收入，实际未参与的农户若参与生产环节外包，会促使家庭年人均收入增长 9.6%，进一步区分环节差异性后发现，田间管理环节外包的增收效应高于其他生产环节；王玉斌和李乾（2019a）利用 CHIP 村级样本数据，发现农业生产性服务通过专业分工、技术进步以及节本开源的路径，促进粮食增产和农民增收；唐林等（2021）利用湖北省微观农户调研数据，发现购买农机服务能够显著促进农户家庭年收入增长；Machila et al.（2015）和 Lyne et al.（2018）的研究也得出类似结论。最近几年，随着社会各界对农业领域外包服务的重视，越来越多的学者尝试使用不同计量方法和不同地区数据对农业生产环节外包服务的增收效应进行估计，研究结论多认为在农业生产过程中，从外部引入服务有利于提高农户家庭的收入水平（常向阳等，2020；刘起林和韩青，2020；李忠旭和庄健，2021；赵鑫等，2021）。

然而，也有研究认为，农业生产环节外包对农户收入的影响不能一概而论。在农作物产品价格低以及生产成本增加的背景下，农业生产环节外包的增收效应不仅会被抵消，甚至可能产生负向影响。王全忠等（2015b）基于长江流域稻作区农户的调研数据，发现农户购买农机服务时支付一定的使用成本，从而抵消外部服务带来的经济收益，最终表现为农机服务对稻作收益的影响为负；夏秋（2019）也得出相似观点，即农业专业化服务对稻作农业收入具有显著的负向影响，Gillespie et al.（2010）以美国奶牛场为例，发现农资供应外包并不能提高农场收入。整体而言，农业生产环节外包能否提高农户家庭收入还有待进一步验证。

六、已有研究述评

综观既有研究，学术界对农业生产环节外包行为及其效应方面的研究已展开深入探讨，形成了较为丰富的研究成果。同时，有关农户行为决策及效应的研究方法日臻成熟、多样化，这为本研究的开展提供了可资借鉴的理论及方法。但已有研究仍存在以下 3 方面的不足：

（1）衡量农业生产环节外包的指标有待商榷。部分文献中笼统地将农作物种植过程中任一环节外包作为衡量指标。这种选取方法既没有区分品种，也没有区分外包环节，忽略了作物品种差异和环节差异，在一定程度上可能存在夸大环节外包的作用，使理论研究与实际相脱离。

（2）对农业生产环节外包行为内在作用机理的探讨相对缺乏。虽然目前关于环节外包行为的研究成果颇为丰富，但多数研究仅停留在影响因素分析方面，而缺乏对影响因素的层次结构分析及其内在作用机理的探讨。同时，随着我国农户分化特征的加深，有必要进一步探讨不同类型农户农业生产环节外包行为选择的差异。

（3）对农业生产环节外包的异质性效应关注不足。以收入为例，多数研究关注的是外包农户与未外包农户之间的平均收入效应，而缺少对异质性的探讨，从而极有可能误读了农业生产环节外包的增收效应。一方面，若农业生产环节外包具有增收效果，这可能是几类农户共同推动的，若不对农户异质性深入探究，可能会高估其增收效应；另一方面，若农业生产环节外包对农户收入没有影响，这有可能是正负作用相互抵消的结果，从而低估了农业生产环节外包的增收作用。此外，农业生产环节外包增收的作用机制尚不清楚，仍需进一步验证。

综上所述，在借鉴前人研究成果的基础上，本研究以安徽、湖南和江苏 3 省水稻种植户为研究对象，构建理论分析框架，从不同角度对农业生产环节外包行为影响因素进行实证分析。在此基础上，从技术效率和家庭收入两个方面评估生产环节外包的经济效应，以期为有效推进农业生产环节外包服务发展和政策制定提出可参考依据。

第三节　研究目标与研究内容

一、研究目标

总目标是从农户角度出发，构建理论分析框架；基于农户微观调研数据和宏观统计数据，剖析农户生产环节外包选择行为的逻辑机理，探究农户生产环节外包行为的驱动因素；揭示其对农业生产技术效率和家庭收入的影响程度、异质性和作用机制；最后，根据研究结论提出相关政策建议，为推动我国农业生产环节外包服务的发展提供现实经验借鉴。

具体目标如下：

第一，实证分析农业生产环节外包行为的影响因素，并在此基础上构建不同因素之间的层次逻辑。同时，进一步探讨不同类型农户对环节外包选择的差异性；

第二，分析生产环节外包对农业生产技术效率的影响，将环节外包和农业生产条件的异质性纳入分析框架，评估农业生产环节外包对农业生产效率的影响程度和作用机制；

第三，评估生产环节外包对家庭收入的影响，剖析农业生产环节外包对家庭收入结构的影响及其作用机制，比较不同禀赋农户对家庭收入的差异性影响，力图全面揭示农业生产环节外包对农户家庭福利的影响。

二、研究内容

基于上述研究目标，本研究首先对已有文献和理论基础（第二章）进行梳理，综合采用多种科学方法，分析农业生产环节外包行为的影响因素及其效应，具体研究内容如下：

第一部分：农业生产环节外包行为及其对农业生产技术效率和家庭收入的理论分析。

在对具体问题展开实证分析前，先进行农业生产环节外包行为及其经济效应的理论分析，为后续研究奠定坚实的理论基础。首先，对研究中的农业生产环节外包、技术效率和家庭收入等概念进行界定；其次，在此基础上，对本研究中所涉及的经济学理论进行梳理和总结，包括回顾分工理论以明确农业生产环节外包行为的成因及效应、回顾诱致性技术创新理论以明确农业生产环节外包的演进、回顾委托代理理论以明确农业生产环节外包道德风险发生的原因、回顾农户行为理论以明确农户外包行为的选择逻辑；最后，构建本研究的整体分析框架，并提出相关研究假说（第二章）。

第二部分：农业生产环节外包服务发展状况分析。

本部分对应第三章。一方面利用收集到的农业生产环节外包统计资料和相关文献，从时序维度就全国层面农业生产环节外包服务的发展历程进行回顾与梳理，厘清各阶段农业生产环节外包的演化特征；另一方面，利用微观调研数据对农业生产经营主体的环节外包行为特征进行描述性统计分析，以掌握现阶段长江流域水稻种植户的农业生产环节外包情况。

第三部分：农业生产环节外包行为的影响因素分析。

本部分基于微观调研数据，重点探讨农户农业生产环节外包行为的影响因素（第四章）。首先，运用 Probit 模型分析不同类型环节外包行为的影响因素；其次，运用解释结构模型分析影响因素之间的逻辑关系和层次结构；再次，将农户类型划分为规模户、高兼业户和低兼业户，分析不同类型农户在环节外包行为选择中的差异；最后，运用多变量 Probit 和泊松回归模型，从单环节和环节外包程度分析不同类型农户的外包行为。

第四部分：农业生产环节外包对农业生产技术效率的影响。

本部分主要探究农业生产环节外包对技术效率的影响及其作用机制（第五章）。第一，构建随机前沿生产函数模型，测算水稻生产技术效率，并对技术效率分布情况进行分析；第二，运用 Tobit 模型实证分析农业生产环节外包对水稻生产技术效率的影响，考虑到二者之间可能存在内生性问题，引入具有同群效应的工具变量，使用 IV-Tobit 模型进一步验证；第三，分析不同类型环节外包对农业生产技术效率的影响；第四，引入交叉项分析不同农户禀赋条件下，农业生产环节外包对水稻生产技术效率的异质性影响；第五，引入中介效应模型，进一步探究农业生产环节外包通过何种作用机制影响水稻生产技术效率。

第五部分：农业生产环节外包对农户家庭收入的影响。

提高收入是家庭经营的终极目标，因此本部分主要探究农业生产环节外包对家庭收入的影响及其作用机制（第六章）。首先，运用普通最小二乘法分析生产环节外包对家庭总收入的平均化影响；其次，引入具有同群效应的工具变量解决其可能存在的内生性问题；并采用工具变量分位数回归法分析农业生产环节外包对不同收入群体农户的增收效应；再次，为探究生产环节外包影响家庭收入的作用机制，进一步分析农业生产环节外包对家庭收入结构（稻作农业收入、非稻作农业收入、非农就业收入以及农业打工收入）的影响，并引入中介效应模型分析农业生产环节外包对不同类型收入的作用机制；最后，对不同禀赋条件的农户进行分组回归，考察农业生产环节外包对家庭收入的异质性影响。

第四节 研究方法与技术路线

一、研究方法

（1）稻农生产环节外包行为的影响因素分析。首先，运用二元 Probit 模型分析不同类型环节外包行为的影响因素；其次，运用解释结构模型（interpretative structural modeling，ISM）构建不同显性因素间的逻辑关系，探究引发农户外包行为选择差异的深层逻辑；最后，划分农户类型，运用多变量 Probit 模型（multivariate probit，Mvprobit）和泊松回归模型（Possion）对不同类型农户生产环节外包行为选择的差异性进行分析。

（2）农业生产环节外包对农业生产技术效率的影响。第一，利用 Frontier 软件，选取随机前沿生产函数测算出稻农生产技术效率；第二，采用逐步回归，使用 Tobit 模型、加权最小二乘法（weighted least square method，WLS）等方法估计农业生产环节外包对农业生产技术效率的影响；第三，考虑到二者之间可能存在的内生性问题，运用工具变量的 Tobit 模型（instrumental variables-tobit，IV-Tobit）进行分析；第四，分析不同环节外包类型对农业生产技术效率的影响，并引入交叉项分析在不同规模户和不同土地细碎化中，农业生产环节外包对农业生产技术效率的异质性影响；第五，使用中介效应模型分析农业生产环节外包对农业生产技术效率的作用机制。

（3）农业生产环节外包对家庭收入的影响。首先，运用普通最小二乘回归法（ordinary least square，OLS）和工具变量法（instrumental variables-two stage least square，IV-2SLS）分析农业生产环节外包对家庭收入的影响；其次，采用工具变量分位数回归法（instrumental variable quantile regression，IVQR）探究农业生产环节外包是否具有“益贫特征”；再次，采用似不相关回归模型（seemingly unrelated regression，SUR）分析农业生产环节外包对家庭收入结构的影响，并使用中介效应模型分析其内在作用机制；最后，采用分组回归分析农业生产环节外包对家庭收入的异质性影响。

二、数据来源

本研究通过整理统计年鉴、实地调查等方法收集所需要的关键数据资料，具体包括以下两方面：

（1）宏观统计数据。在分析农业生产环节外包的发展演变以及阶段特征描述时涉及诸多宏观统计数据，如农业机械化发展状况、劳动力转移状况等，这些数据主要来源于历年的《中国统计年鉴》《中国农村统计年鉴》《全国农产品成本收益资料汇编》《中国农业机械工业年鉴》等。

（2）微观调研数据。全文的实证数据来自微观调研数据。调研数据来自课题组对长江流域 3 个主要水稻产区（安徽、湖南和江苏）的水稻种植户的调查，重点调研其在 2017 年的农业生产经营情况。调查区域选择主要考虑到：一是调查省份水稻产量在全国水稻生产中占比较高；二是调查区域农业条件与经济发展水平有一定代表性。2017 年，3 省水稻播种面积与稻谷产量分别占全国水稻总播种面积与稻谷总产量的 29.54％和 29.53％。调查该区域的水稻经营情况在南方稻区具有代表性。

具体抽样过程为：在每个省选取 3 个代表不同农业经济发展水平的市；

从各市中随机选择 2 个县，在各县随机选取 2 个村，在各村随机选择 12～15 户农户进行调查。共发放问卷 525 份，回收有效问卷 466 份，问卷有效率为 88.76％（表 1-1）。根据研究方向，问卷内容包括：①农户个体及家庭基本特征。如农户家庭成员年龄、受教育程度、健康状况和家庭劳动力就业情况等。②农地经营情况。包括农地经营的投入产出情况、农地流转情况、农地种植结构、地块数、地形和灌溉条件等。③农业生产环节外包服务情况。重点调查农户水稻种植过程中整地、插秧、病虫害防治、施肥和收割等环节的购买服务情况。④农户家庭收支情况。为确保问卷的高质量完成和调查数据的真实性、可靠性，在正式调研之前招募本校农业经济管理专业的硕博研究生作为调查员，并进行集中培训。为避免农户对问卷理解不清或胡乱填写等问题，正式调查中由调查员和农户一对一交流，并逐一问答填写问卷。调查结束后，调查员对问卷进行了自查、互查及集中检验。

表 1-1 调研省份及样本量

省份	地区	有效问卷份数
安徽	淮南、滁州、六安	146
湖南	益阳、常德、岳阳	150
江苏	淮安、盐城、扬州	170

三、技术路线

技术路线体现了各章节间的有机联系和研究逻辑，具体思路如下：①对本研究涉及的相关概念进行界定以及对相关理论进行梳理分析。②在理论分析基础上，构建农业生产环节外包行为及其效应的理论框架，并提出相关研究假说。③对农业生产环节外包的演进进程和时序演变特征进行梳理，并结合微观农户数据对农业生产环节外包情况、农户基本特征等进行归纳。④对农业生产环节外包行为影响因素及其内在逻辑层析结构进行分析，探讨农户分化对环节外包行为选择的影响。⑤从农业生产技术效率和家庭收入的角度评估农业生产环节外包的经济效应，力图全面揭示农业生产环节外包是否影响、怎样影响以及影响的差异性问题。⑥归纳总结研究结论，提出政策启示。

从研究方法看，运用文献分析法和归纳总结法对现有文献和相关理论进行梳理，为本研究的逻辑框架、理论分析和方法奠定基础；计量分析法是检验理论假说的重要实现方式，主要包括 Probit 模型、Mvprobit 模型、ISM 模型、Poisson 模型、Tobit 模型、IV-Tobit 模型、OLS 模型、IV-ols 模型、SUR 模型、IVQR 模型以及中介效应模型等。

本研究的技术路线如图 1-1 所示：

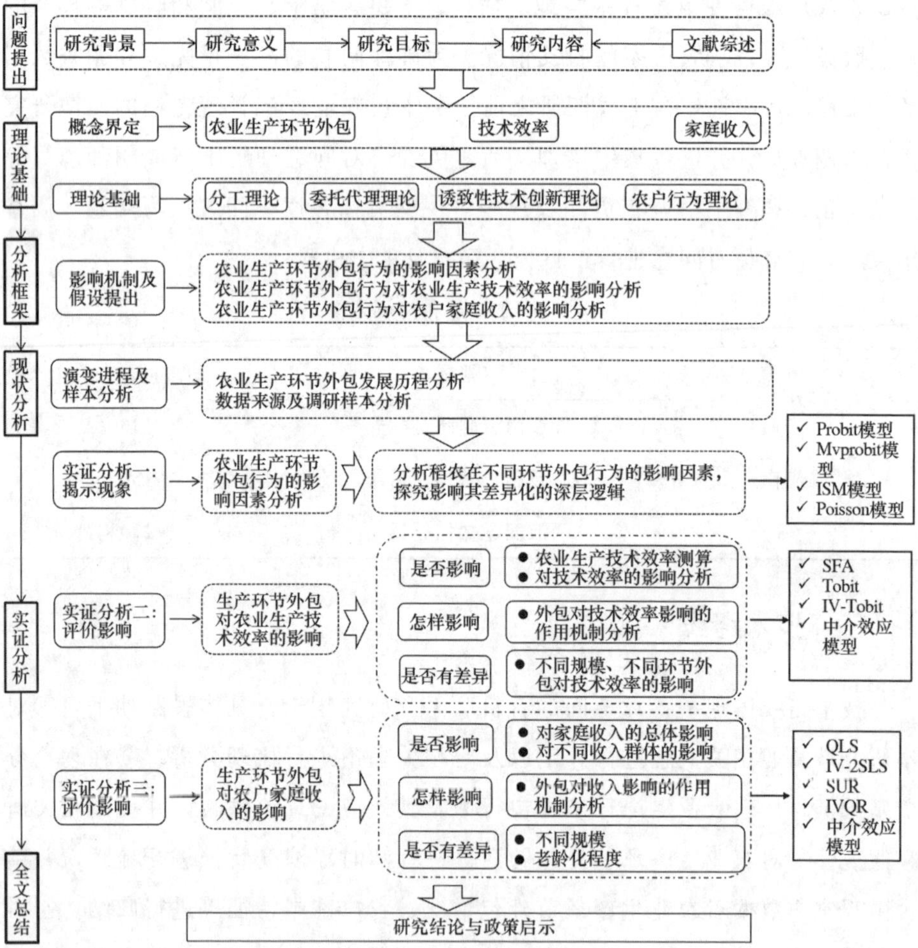

图 1-1　技术路线

第五节 可能的创新说明

与已有研究相比，本研究可能的创新点主要包括以下3方面：

（1）为更有针对性地推进农业生产环节外包行为提供了经验性证据。在现有关于农业生产环节外包行为影响因素的研究中，多探讨单要素对生产环节外包行为的影响因素，而缺乏对影响因素之间深层次逻辑关系的探讨。同时，在分析过程中容易忽视对种植户异质性的考虑。本研究在分析水稻种植户生产环节外包行为影响的基础上，采用ISM模型分析影响层次，挖掘其深层根源性影响因素。并分析不同类型农户的生产环节外包行为，这也为理解农户外包行为的差异性提供了可能的解释。

（2）已有研究多关注农业生产环节外包对农业生产技术效率和家庭收入的平均影响，但对于环节外包的异质性影响及其作用机制关注不够。在农业生产环节外包服务快速发展的背景下，不仅要关注“有没有影响”，更应该考虑农业生产环节外包对农户经济绩效的异质性影响，这对于有针对性地提出推进农业生产环节外包服务发展的政策建议具有重要意义。基于此，本研究不仅考察当前农业生产环节外包效应的平均化影响，同时也从农户禀赋异质性和环节差异化的角度，探究其中的异质性影响。此外，本研究也充分关注了农业生产环节外包对农户经济绩效影响的“黑箱机制”，识别其中的作用路径。

（3）研究方法方面，本研究重视研究方法运用的有效性，确保估计结果的可靠性。首先，在分析农业生产环节外包行为影响因素时，考虑到影响因素内部的深层逻辑关系，构建ISM模型进行解构分析，使研究结果更加可靠。其次，在估计农业生产环节外包行为效应时，采用工具变量法纠正变量之间可能存在的内生性问题。最后，在分析农业生产环节外包对收入差距的影响时，采用IVQR模型分析，在不同收入分位点上，农业生产环节外包对农户家庭收入的异质性影响。

本章小结

本章总揽全局，明确提出全书的研究背景、研究意义、研究目标、研究内容以及研究方法等，旨在为后续研究奠定基础、搭好框架和明确方向。

第二章

理论基础与分析框架

引言：农业生产环节外包服务市场是影响农户生计的一种要素市场，农户将生产环节外包后，会改变家庭劳动力和土地经营的配置格局，从而带来家庭经济效应的改变。在对具体问题展开实证分析前，首先需要对文中应用的相关概念进行明确界定，梳理总结文中所运用的相关理论，从而为后文的研究提供明确的边界范畴和扎实的理论基础，最终构建了本书的理论分析框架。

第一节 基本概念及研究对象界定

一、农业生产环节外包

现有文献和政策文件中采用的农业生产性服务、农业社会化服务、土地托管以及农业生产托管与农业生产环节外包存在概念混用的现象，因此在界定农业生产环节外包的边界范围时，有必要对不同概念进行区分界定。

1. 农业社会化服务和农业生产性服务

早期龚道广（2000）提出农业社会化服务是技术进步和社会分工的结果，指农户将生产环节按照市场等价原则交给其他独立市场主体完成的生产方式。此后，农业社会化服务的概念在服务范围和服务内容方面不断拓展。从服务内容上，主要指市场上不同类型服务机构为农业生产提供的产前、产中、产后全过程的综合配套服务（陈义媛，2017；高强和孔祥智，2013），具体可以划分为农业生产性服务、农业经营性服务以及农业金融性服务（王颜齐和史修艺，2019）。从服务范围上，农业社会化服务可进一步划分为公益性和经营性服务（刘洋和余国新，2020）。

学术界从广义和狭义两方面对农业生产性服务的概念进行界定：广义上是指面向农业全产业链提供的生产性服务，而狭义上仅指直接替农民或帮助农民“下地”干活的服务（冀名峰，2018）。大部分学者认同农业生产性服务是农业社会化服务的重要组成部分（刘强和杨万江，2016；王雨晴和韩学平，2020），但二者强调的重点略有不同。姜长云（2016）提出农业社会化服务更容易把焦点放到以政府为主导的公益性服务，而农业生产性服务更强调服务创造价值的过程。

2. 农业生产托管、农业土地托管与土地流转

托管与流转具有本质区别，辨别标准为是否流转土地经营权，因此二者在实践研究中并不存在过多争议。农业生产托管和土地托管隶属于农业生产性服务、农业社会化服务，二者的概念较为近似，共同点都是服务供给方向

农户提供环节作业服务，部分学者将二者等同，在实际研究中存在混用的现象（韩庆龄，2019），但也有学者对二者进行区分。具体而言，前者是指拥有土地经营权的农户，将农业生产的部分环节或全部环节，通过市场机制交给市场上其他服务组织进行运营管理的农业经营方式，被认为是农业生产性服务业中最主要、最有效的方式（冀名峰，2018），其主要是指产中环节的服务，而不包括农业产前或产后环节的服务，因此在实际应用中更为灵活，得到农户的广泛认可和接受（杜洪燕等，2021）。其可以进一步划分为土地托管和业务托管（宫同瑶和刘智浩，2017）。由此可见，土地托管可以视为农业生产托管的一种特殊类型，近似于农业生产的全程托管（王玉斌和李乾，2019b）。还有学者提出可以从服务组织和农户之间的关系对农业生产托管和土地托管进行区分，如果服务组织仅仅是帮助农户完成环节作业，可视为农业生产托管，如果服务组织直接代替农户做出农业生产经营决策行为，则可视为土地托管（姜长云，2020）。

基于此，我们对本研究的农业生产环节外包概念进行界定，农业生产环节外包是农户将原本由家庭成员完成的一个或多个环节，按照市场价格机制交由服务主体完成。从产权角度来看，农业生产环节外包的研究边界是，环节外包并不改变家庭土地承包权和经营权。考虑到产中环节外包对农户资源配置决策以及经济效应的影响更为直接，综合水稻生产特征，本研究重点考察农户在整地、栽插、施肥、病虫害防治和收割环节的外包情况。

综上分析，农业生产性服务和农业社会化服务强调整体的服务产业，土地托管则强调农户让渡一定的土地经营权，而农业生产环节外包和农业生产托管具有一定的相似性。尽管目前文献对二者进行区分，但其并没有本质区别，属于一种事物的两种叫法。相关概念之间的关系见图 2-1。

3. 劳动密集型环节外包和技术密集型环节外包

借鉴相关学者研究，根据不同环节对技术和劳动力的需求特征，将整地和收获环节归类为劳动密集型环节。原因是，这两个环节具有劳动强度大和对劳动力需求大的特征，但机械作业化和标准化程度较高，对水稻生长质量影响相对较小；将插秧、病虫害防治和施肥环节归类为技术密集型环节。此类环节具有环节作业技术性强，对作物产量影响大且作业质量识别难等特征。

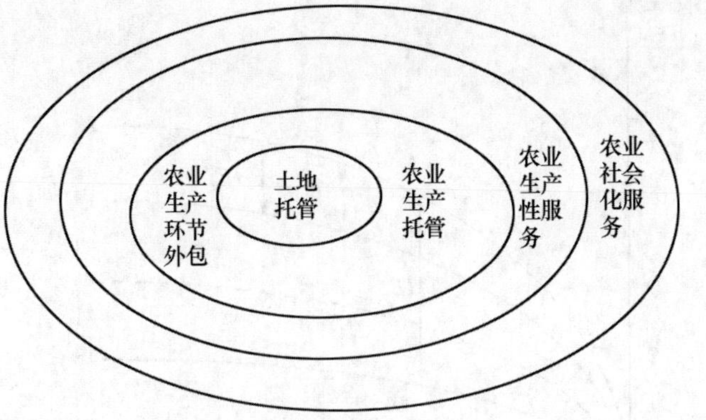

图 2-1 相关概念之间的关系

如插秧环节是最重要的生育环节，插秧时间和插秧技术对作物产量的影响至关重要（申红芳等，2015）。病虫害防治环节和施肥环节的机械化程度相对较低，作业受人为因素的影响较大，即农药喷洒均匀度和化肥施用量等都会直接影响作业效果，但服务质量却不容易监督，发生道德风险和机会主义的可能性较大。

二、农业生产技术效率

农业生产技术效率是农业微观生产主体在一定要素投入条件下获得最大产出的能力，或是在给定产出水平下实现投入成本最小化的能力，其作用是衡量农业生产要素的利用状况。本研究中具体表现为水稻种植户在同等要素条件下的实际产出与最大产出的距离（TE）。二者之间的距离越大，则技术效率越低。按照朱宁（2014）和郑阳阳（2020）的做法，图 2-2 中 TE_1 为单个农户实际产出 Y^1 与最大产出 Y^0 之间的距离。如果农业生产环节外包能够弥补家庭资源短缺和改善农业生产条件，则产出从 Y^1 上升到 Y^2，缩短了实际农产品产量与最大产出之间的距离，减少了农业生产技术效率的损失。相反，如果在农业生产环节外包服务过程中交易成本较高或服务供给方出现机会主义行为或道德风险等问题，导致农产品产量没有显著增加，产出从 Y^1 下降到 Y^3，从而扩大了实际产出与最大产出的距离，增加了农业生产技术效率的损失。此外，即使农业生产环节外包行为对产出没有影响，其仍然会影响到农业生产技术效率，但影响方向不确定。

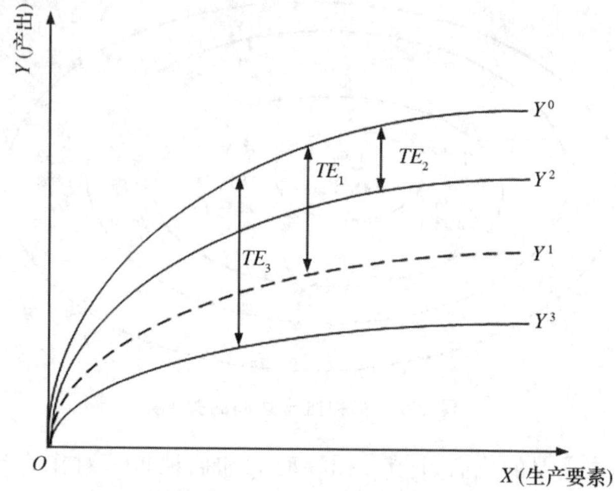

图 2-2 农业生产环节外包对农业生产技术效率的影响

三、农户收入

家庭收入包括经营性收入、工资性收入、财产性收入和转移性收入 4 个维度。在调研中发现农户家庭收入主要来源于经营性收入和工资性收入，财产性收入和转移性收入在家庭收入中所占比重较小。本研究选取家庭人均纯收入作为核算标准，计算方式为单个家庭扣除各种发生费用后的人均收入水平。选取该指标的原因在于：一方面，农户家庭人均纯收入能够充分反映农民真实收入水平和改善生活的能力；另一方面能够有效规避不同家庭规模带来的计量误差（宋英杰，2010），因此，能够更好地反映农户家庭的实际收入水平。此外，由于研究对象为水稻种植户，水稻生产环节外包后释放的劳动力不仅会转移到非农产业中，同时也会转移到农业打工活动中，或者从事一些与农业相关的非稻作农业，为考虑这种细化影响，在进一步分析生产环节外包对农户收入结构的影响时，将农业收入进一步细分为稻作农业收入和非稻作农业收入，将工资性收入进一步细分为非农就业收入和农业打工收入。

第二节 研究对象界定

本研究选择水稻作为研究品种，以水稻种植户作为研究对象，这主要基于两方面考虑：

第一，粮食安全关乎国计民生。稳定粮食播种面积和提高单产水平一直是国家粮食政策的重要目标。新中国成立以来，我国粮食总产量逐年递增，粮食生产取得了举世瞩目的成就，但粮食安全形势依然严峻，面临诸多深层次挑战。在农村劳动力持续转移的背景下，生产环节外包能够有效弥补家庭资源约束问题，破解“谁来种地”的难题，推进了农业适度规模经营，有利于实现粮食生产转型升级和保障国家粮食安全。因此，探讨粮食领域的农业生产环节外包服务问题具有重要的现实意义。

第二，农作物品种在很大程度上决定了生产环节的复杂性（谢琳等，2017），在不同品种作物中，农户选择自我服务和外包服务的差异相对较大。水稻和小麦是我国重要的粮食作物，但生产环节特性具有显著差别。总体而言，小麦生产环节简单、技术的可模仿性强（胡雪枝和钟甫宁，2013），基本实现了机械对劳动的替代（董莹和穆月英，2015），购买外包服务是大多数小麦种植户的首选（宋海英和姜长云，2015）。而水稻生产环节繁杂，劳动强度大，机械对劳动的替代没有完全实现，加之某些生产环节的外包服务监督成本较高，导致农户购买外包服务的意愿较低。因此，选择外包服务发展不完善的水稻作物作为研究品种更具有代表性。

考虑到湖南省、安徽省和江苏省水稻种植制度的差异性。其中，江苏省和安徽省为单季稻种植模式，而湖南省则是双季稻、单季稻的混合形式。借鉴申红芳等（2015）和（王全忠和周宏，2019）的做法，单季稻的生产外包形式以实际外包形式直接选取，双季稻则选取晚稻的外包形式。这一选择的依据主要是考虑到“小麦＋单季稻”和“早稻＋晚稻”两种轮作模式，对单季稻和晚稻都造成了或长或短的窗口期约束，农户的生产决策行为都面临一定的时间限制。

第三节 理论基础

本部分将系统阐释研究中使用到的相关理论，为进一步构建全文的分析框架，探究农业生产环节外包行为及其效应奠定理论基础。

一、分工理论

1. 分工理论的演进及发展

分工思想由来已久，最早可以追溯到古希腊时期。柏拉图（1986）在其著作《理想国》中针对古希腊城邦提出了社会分工的具体形式，并讨论了分工的原因和意义。色诺芬（1981）在《经济论》中，通过分析性别差异来解释家庭分工形式，提出家庭分工有利于人们的身心健康和增加家庭财产（赵茂林和潘越，2020）。古典经济学代表人物亚当·斯密（1972）在其著作《国民财富性质和原因的研究》中，以扣针制造业的案例，指出分工通过提高劳动者的熟练程度、节省工种转换时间以及利用适当机械的方式提高生产效率。马克思（2004）在继承和批判古希腊柏拉图和亚当·斯密等学者的理论基础上，进一步拓展和丰富了分工理论，认为分工依据不同属性可划分为自然分工和社会分工。相比于前人研究，其在肯定分工正向作用的同时，也提出了分工会损害人的全面发展。这一思想被后期的安德烈·高兹所继承，他在研究劳动分工问题的同时，批判了资本主义劳动分工对人的限制和剥夺（吴宁和马瑞丽，2014）。

新古典经济学代表人物 Allyn A. Young（1928）在《报酬递增与经济进步》中从递增报酬、市场大小以及企业规模 3 个角度拓展和丰富了分工理论，并认为市场范围与分工之间是“循环累积的因果关系”，即市场范围会促进和限制分工发展，而分工程度也会对市场范围大小产生影响，这一观点超越了亚当·斯密关于市场范围限制分工的思想。Becker 和 Murphy（1994）认为市场规模、协调成本以及个体知识水平是影响分工的主要因素。杨小凯等（1999）将专业化、分工和交易费用进行综合分析，认为专业化促进分工，分工收益与交易费用会直接影响企业规模和市场规模，从而实现报酬递增，这也进一步发展和丰富了分工理论。

2. 分工理论在农业生产中的应用

值得注意的是，众多学者认为分工理论只适合应用于工业产业，并不适用于农业产业。亚当·斯密认为工业生产的每个环节可以相互独立，而农业生产具有生命连续与不可逆的特征，各个环节难以做到完全独立，劳动力不能专业化地从事同一项生产工序，这也导致农业生产效率始终低于工业部门，这一解释被称为“斯密猜想”，也被称为农业分工的有限性理论。马歇尔（1920）认为农业自然属性和土地制度约束是导致农业无法实现分工的原因。

随着分工理论的深入研究，杨小凯（1994）通过构建均衡模型认为农业领域同样存在分工，但由于农业生产的季节性和周期性特征，使农业分工面临交易成本高和交易效率低的问题，最终导致农业分工效率低于工业分工效率。随着国内农村劳动力的不断分化、制度的革新以及科学技术的进步，农业分工的有限性被国内学者提出质疑。事实上，在保障农户承包权的前提下，农业生产过程中的各环节作业是可分离的。罗必良（2017b）认为农户家庭经营或家庭农场可看作一个“企业”，农户经营能力可进一步细分为生产经营能力和交易经营能力，并交由他人完成环节作业，实现农业生产环节的外包。何一鸣等（2020）指出农业生产的技术可分性与经营权的细分性是农户实现劳动分工和专业化生产的关键因素，同时指出农业分工效率低于工业效率的深层次原因是农业分工的市场规模远小于工业市场规模，如果人们有意识地扩大农业市场规模，农业效率能够赶超工业效率。农业生产分工又可进一步分类为纵向分工和横向分工。其中，纵向分工是将农业生产链条中的若干个生产环节外包给其他服务组织完成作业的模式，而横向分工指农户通过减少生产经营项目种类数或扩大部分种养品种规模所形成的农业规模化生产。纵向分工和横向分工能够通过人力资本积累、迂回技术和引进效应等改变农户要素配置（梁志会等，2020）。农业分工深化还能够拓宽农村劳动力就业渠道，使农村劳动力不再局限于城市或非农产业转移（罗明忠等，2018）。

农业生产环节外包本质上属于专业分工范畴，是农户从家庭内部的自然分工卷入社会化分工。为刻画分工理论在农业生产中的应用，借鉴盛洪

(1992) 和李丹 (2021) 的研究做法，对农业生产环节外包的行为效应和农业经济收益之间的关系进行探讨。假定 PA 表示农业生产过程中全部生产环节，设 PA 中包含了 n 种不同环节作业。m 为正整数 ($0\leqslant m\leqslant n$)，对 PA 的分工可以表示为 $PA/m=\Delta PA$，当 $m\to n$ 时，$\Delta PA\to \mathrm{d}PA$。$\mathrm{d}PA$ (m) 表示在最优规模序列中，第 m 个基本生产操作可被分离出来。

在图 2-3 中，左侧图中曲线表示 n 种环节作业的单位费用。由于不同环节属性匹配各自的最优规模水平不同，当农户按照 Q 规模进行生产时，只有第一个环节作业达到了最优规模，因此其单位成本费用降到了最低，而其他 $n-1$ 种环节作业均未达到最优规模，与之相应的，其单位成本费用也未降到最低。由于这 $n-1$ 种环节作业匹配的最优规模各不相同，这时他们的单位成本费用处于 $C_1\sim C_2$ 之间，其中，C_1 代表已达到最优规模的第一环节的单位成本费用，C_2 则表示第 n 种环节没有达到最优规模时的单位成本费用。

图 2-3 中右侧图是左侧图形的投影。NP_c 和 SP_c 分别代表 n 种生产环节均未实现分工和都实现分工时的单位生产费用曲线。曲线 NP_c 与 X 轴之间的面积，表示农业生产环节未达到最优规模时生产费用，曲线 SP_c 与 X 轴之间面积表示不同环节外包均达到最优规模时的生产费用，二者之差表现为分工和环节外包带来的收益 R，即图中的阴影部分。

从没有环节外包到所有环节外包并不是一蹴而就的，分工形成和过程可以用边际分工来表示。边际分工是指某一农业生产环节被分离出来，表示为 d (PA) $=\mathrm{d}PA$，其带来的收益可表达为 $\mathrm{d}R/\mathrm{d}PA$，应该等于这一环节作业没有外包前和外包后的单位生产费用之差。在一定程度上，农业生产环节外包带来的边际收益可以看作节约的单位费用。例如在图 2-3 右侧中，第 S 种环节外包带来的边际收益为 $c\sim d$。因此，若以图 2-3 右侧中的 O' 点为 O 点，曲线 NP_c 可以被视为分工和专业化的边际收益曲线。

农户作为理性经济人，当环节外包获得的收益高于家庭自己作业收益时，农户会选择环节外包。我们将选择环节外包作业时，发生的相关费用称为专业化费用，用 S_c 表示，将家庭自己作业的费用称为一体化费用，用 I_c 表示。

假定农业生产中包含 n 个环节，设 K 为农业生产经营规模。K_0 为市场交易和家庭经营的边界。当农户经营规模数量 $K<K_0$ 时，农户家庭作业的边际费用低于环节外包的边际费用，这时应该选择家庭自己作业；当 $K>K_0$ 时，

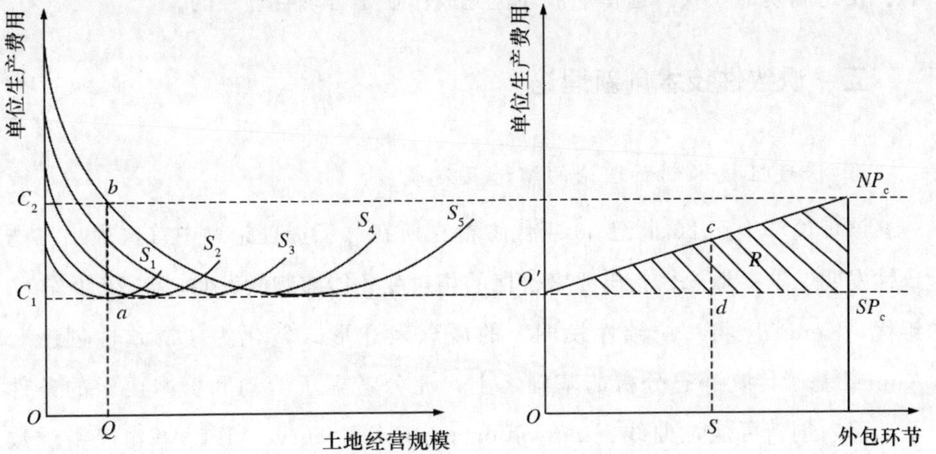

图 2-3　农业生产环节分工与分工收益

则应选择环节外包；当 $K=K_0$ 时，家庭作业的边际费用和外包边际费用达到了均衡点。

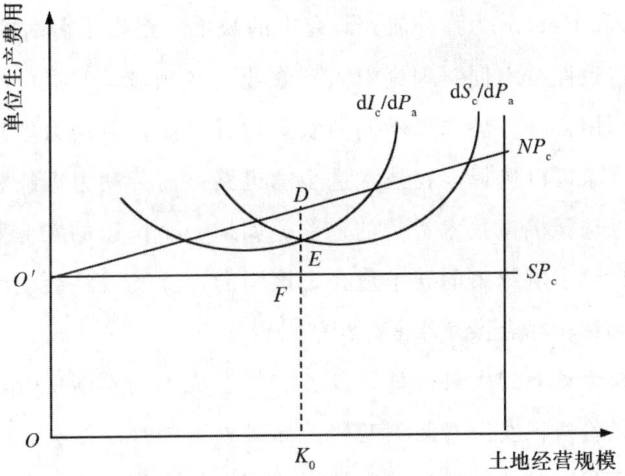

图 2-4　分工理论在农业生产环节外包行为中的应用

在考虑是否外包时，要同时比较外包带来的边际收益和边际交易费用之间的大小。如图 2-4 中 K_0 点，环节外包的边际收益表达为 dR/dP_a（K_0）$=D-F$，在 K_0 规模上完成作业的总费用等于单位生产费用 F 和边际交易费用 $E-F$ 之和，结果可知二者之和小于 D，说明此环节的边际分工是有纯收益的。在此规模下，农户选择环节外包完成作业是合理且理性的。

二、诱致性技术创新理论

1. 诱致性技术创新理论的演进及发展

该理论产生于20世纪30年代。希克斯在《工资理论》中首次提出“诱致性发明”这一概念，指出要素价格的相对变化能够刺激发明，到20世纪60年代，Kennedy将“诱致性发明”的概念表述形式转化为“诱致性创新”。Ahmad基于传统静态分析的基础之上，充分考虑了劳动和资本要素的条件下，引入创新可能性曲线（innovation possibility curve，IPC），构建了诱致性技术创新理论的基本分析框架，这也被后人称为“希克斯-阿马德”诱致性技术创新理论，该理论的缺陷在于对私人厂商创新行为的重点关注，而忽略对公共部门创新行为的探讨。

2. 诱致性技术创新在农业生产中的应用

Hayami和Ruttan为弥补前人研究中的缺憾，提出了著名的速水佑次郎-拉坦模型，将致性技术创新理论引入到农业生产领域，并提出不同要素禀赋的国家应该利用自身优势选择不同的农业增长道路，劳动力丰富而土地资源相对匮乏的国家可以选择生物技术进步的道路；而劳动力短缺和土地资源丰富的国家可以选择机械技术进步的道路。如果一个国家的农业发展中，难以找寻到破除自身禀赋约束的技术途径，该国的农业发展将会受到限制（何爱和曾楚宏，2010；郭熙保和苏甫，2013）。

随着农村劳动力的大量外移以及务农机会成本的不断上升，我国农业发展的要素禀赋价格正发生着深刻变化。林毅夫（1991）首次运用诱致性技术创新理论研究我国农业问题，并支持了诱致性技术创新理论研究假说。姜鑫（2007）对诱致性技术创新理论在我国农业经济增长的应用性进行了实证检验，发现希克斯-速水-拉坦-宾斯旺格模型能够有力解释和分析我国农业生产状况。

根据速水佑次郎-拉坦诱致性技术进步模型，在农业生产中购买环节外包服务替代劳动力的过程可以在图2-5中体现。

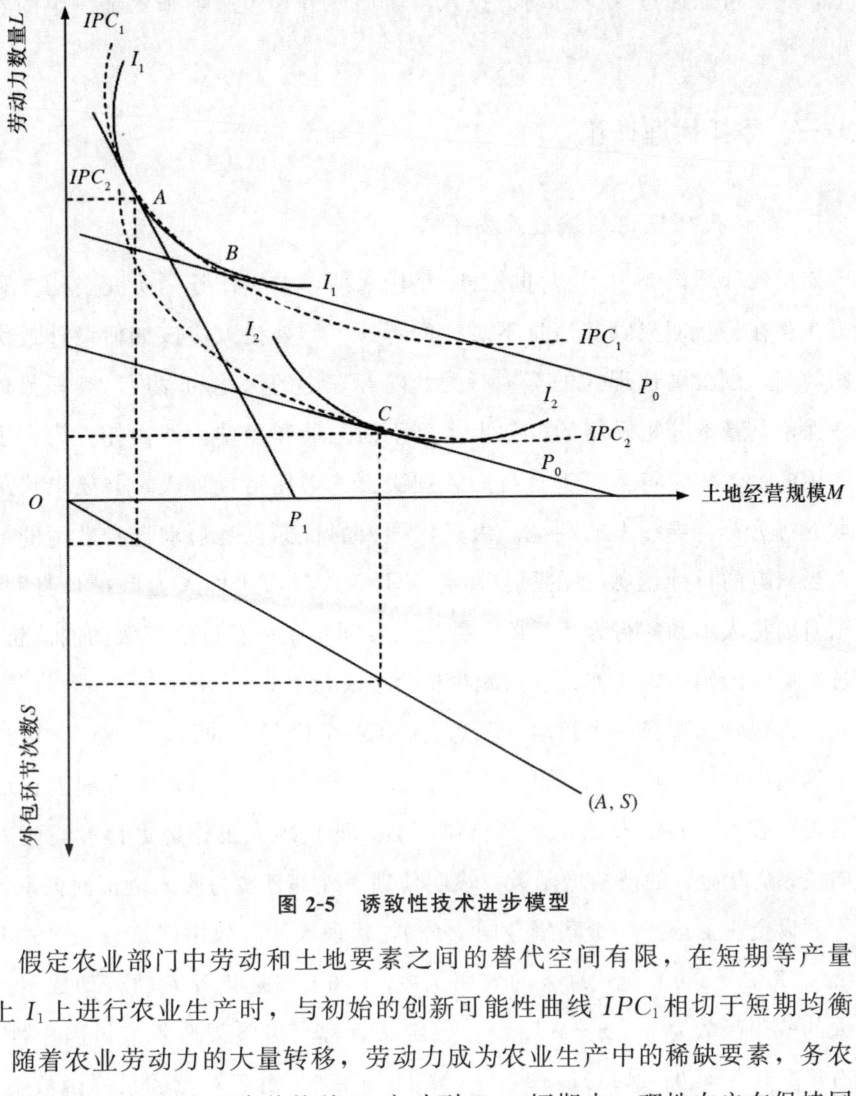

图 2-5 诱致性技术进步模型

假定农业部门中劳动和土地要素之间的替代空间有限，在短期等产量曲线上 I_1 上进行农业生产时，与初始的创新可能性曲线 IPC_1 相切于短期均衡点 A。随着农业劳动力的大量转移，劳动力成为农业生产中的稀缺要素，务农机会成本抬高，劳动力要素价格从 P_1 变动到 P_0。短期内，理性农户在保持同等产出条件下，会选择重新配置要素的路径，使原先的点 A 沿着等产量曲线 I_1 移动到点 B。此时点 B 并不处于 IPC_1 上。要素价格的相对变化会诱导研发市场重点开发劳动节约型的工艺技术，从而促使 IPC_1 移动到新的前沿面 IPC_2 上。此时，短期等产量曲线 I_2 与 IPC_2 的切点 C 形成现有技术状态下农业生产的新均衡点。工艺变化的路径可用从原点出发的射线（A，S）来表示，即农业外包服务与土地要素的要素组合集。从图 2-5 也可以看出，在同等规模的土地上，农户可以通过减少劳动力投入，增加环节外包服务来保证一定的农业产出水平。

三、委托代理理论

1. 委托代理理论的演进及发展

委托代理理论诞生于20世纪60年代末期，中心任务是研究委托方和代理方在存在相互冲突以及信息不对称的背景下，委托人应该如何设计最优的契约规则，以激励代理人的努力行为。随着理论的深化和发展，委托代理理论在保留其基本分析思路的框架上得到不断拓展和延伸。即委托人为实现自身效用的最大化，将本属于自身的管理决策权委托给代理人，并要求代理人采取的行为符合委托人的利益。由于代理人的目标也是追求自身效用的最大化，当双方的目标函数存在利益冲突或不一致时，代理人为保护自身利益，做出对委托人不利的行为。因此，委托人必须建立一套行之有效的制衡机制，通过约束和激励措施，使代理人减少机会主义行为。

假设代理人选择一个行动 $a \in A$，其中 A 是代理人的行动集合，r 为外生的不确定因素，$x(a, r)$ 为代理人的行动结果，$\Pi(a, r)$ 为代理人行动获得的货币收入，假定 Π 是 a 的严格增函数，即代理人工作努力程度与收入呈正向关系，Π 是 r 的严格增函数，表明代理人外部环境与收入呈正向关系。

假设企业主选择一份薪酬合同 $s(x)$，代理人的总效用就是 $v[s(x)]-c(a)$，其中 $v(\cdot)$ 是代理人的效用函数，$c(\cdot)$ 是代理人的行动成本。委托人的效用函数为 $u[x-s(x)]$。假定二者都是风险规避者或风险中性者，即有 $v'>0$，$v''\leqslant 0$；$u'>0$，$u''\leqslant 0$；$c'>0$，$c''\leqslant 0$。由于双方的目标函数不同，导致二者之间容易产生利益冲突。即委托人希望代理人多努力，而代理人希望少努力。若委托方希望代理人创造更高的利润，就需要制定足够激励和一定的约束机制来实现。可以用模型表述如下：

$$\max \int u(x-s(x)) f(x, a)\, dx \tag{2-1}$$

$$s.t. \int v(s(x)) f(x, a)\, dx - c(a) \geqslant \bar{v} \tag{2-2}$$

$$\int v(s(x))p(x,a)\,dx - c(a) \geqslant \int v(s(x))f(x,a')\,dx - c(a'),\ \forall a' \in A \tag{2-3}$$

式（2-2）和式（2-3）为约束条件。其中式（2-2）中，$\bar{v}$代表不接受委托人合同时获得的期望效用，该约束条件一般称为参与约束条件，其代表的含义是：为使代理人行为与委托人利益一致，委托人应保证代理人在这项工作中获得的效用不低于其他任何工作所带来的效用。式（2-3）中的约束条件被称为激励相容约束，其含义为委托人在最大化自己总效用时，就必须以代理人的行为作为约束条件（胡涛和查元桑，2002）。

2．委托代理理论在农业生产中的应用

在任何市场关系中，凡是参与双方掌握的信息存在不对称或双方利益有一定冲突，都可被认为是委托代理关系，可以用委托代理相关理论模型进行分析。

在实际农业生产过程中，由于农业生产的不可分性、连贯性和季节属性，农业投入要素和产出之间的关系并不明确，因此难以精准判断各个生产环节的作业效果。农业的自然属性容易导致农业服务供给者做出损人利己的机会主义行为（蔡键和刘文勇，2019）。在农业生产环节外包服务中，受农户委托并完成环节作业的一方是代理人，代理人拥有更多关于自身技能和行为的信息，很清楚在服务过程中付出的努力水平。委托他人完成环节作业的农户是委托人。农户希望代理人能够高效且高质量地完成环节作业，而代理人则追求自身利益的最大化，在作业服务过程中可能会为了收入和闲暇时间的效用最大化而加快作业进度，低质量地完成环节作业。因此，由于双方的效用函数不一致，拥有的信息不对称，农户在服务作业过程中难以观察到其完成作业的情况，或者即使观察到也可能因为不了解机械作业流程而无法判断服务方是否损害了自己的利益。服务供给方在提供服务时，会做出降低服务质量的行为，从而产生委托代理问题，农户为激励服务主体提高服务质量需要支付“信息租金”（宦梅丽和侯云先，2020）。

具体到农业生产的不同环节，以整地、收割为代表的劳动密集型环节，其机械化程度和生产标准化程度较高，农业生产环节外包服务的质量容易识别，产生道德风险和机会主义的可能性较低。而在植保、施肥等环节的机械化程度较低，农药、化肥的喷洒均匀度以及浓度都直接影响作业效果，但服务质量不易监督，发生道德风险的可能性较大，进而对农业经营效应产生影响（徐斌和应瑞瑶，2015）。农业生产环节外包服务中的委托代理问题导致的直接结果是影响农作物产量，从而降低农业生产效率和农业经营收入。

四、农户行为理论

农户是农业生产决策的最小单位（苗珊珊，2014）。围绕农户行为这一话题，国内外学者从不同角度展开讨论，并形成了"生存小农""理性小农""综合小农"以及"社会化小农"等不同学派，为深入研究农户的行为逻辑提供了理论指导。

1. 农户行为理论的演进及发展

"生存小农"学派。以恰亚诺夫为代表的学者重点强调农户的生存理性，认为农户与资本主义时代的经济人没有共同之处，农户生产决策的目标并不是为了追求经济利润最大化，而主要是为了满足家庭消费。美国经济学家斯科特进一步延续了恰亚诺夫的分析思路，认为小农行为决策动机遵守规避风险和安全第一的原则。以生存第一取向的农户宁可选择收益较低的策略，也不会冒险追求利润最大化。可见，此学派的主要特点是强调小农的生存逻辑。

"理性小农"学派。舒尔茨沿用新古典经济学"经济人"的假设，认为农民也是以利润最大化为目标的理性经济人，小农经济是"贫穷而有效率的"。波普金与舒尔茨的观点存在一致性，强调农户做出的决策行为是依据个人理性和价值观选择的结果。因二者观点接近，学术界将其称为"舒尔茨-波普金命题"，这也为理性小农学派奠定了理论基石。按照该学派的观点，传统农业经济增长缓慢的根源在于要素边际产出的下降，而不是农户的非理性行为（翁贞林，2008）。

"综合小农"学派。以黄宗智为代表的"综合小农"学派综合了多个学派的小农的观点，认为小农兼具多重特征，其既是追求利润最大化的理性人，同时也是维持家庭生计和受剥削的耕作者，这些方面的特性密不可分，并从不同侧面反映农户特征。若对农户行为的研究只考虑某一特征而排斥或忽略其他特征是不合理且没有意义的，只有对应不同阶层才能全面理解小农（刘桂峰等，2015）。

“社会化小农”学派。虽然上述理论很好地阐释了所研究时代的大部分农户的动机与行为，但只局限于某段时期的农户行为，并不能解释我国农村改革开放以来的小农行为和动机。邓大才（2006）指出农户行为动机不能简单归纳为利润追求者、生存满足者或效用追求者，应因户、因地、因时、因需求层次和发展阶段确定农户的行为与动机。徐勇（2006）指出目前我国农户已进入社会化小农的阶段。社会化小农学学派认为农户的行为动机和目标应该是货币收入最大化（徐勇和邓大才，2006）。此后这一观点也被众多学者采纳，用来研究我国的农业农村问题（王银梅，2010；李伯华等，2012；陈先兵，2012）。

2. *农户行为理论评述及与农业生产环节外包的关系*

随着经济社会发展的进步，农户行为理论也得到不断充实和完善。从最初的“规避风险和安全第一”为原则的生存小农学派到以追求“利润最大化”的理性小农学派，再到综合多家学派观点的综合小农学派以及适应于我国农业经济发展环境的“社会化小农”学派。这些学派根据形势环境变化，加入新的条件或逐渐放松假设，使理论模型契合农户经济行为。可以明确的是，农户的行为决策受到农户自身特征和外在环境的综合影响，内外条件的变化均会导致农户行为的调整。因此，在研究农户生产环节外包行为时，必须结合农户所处的时代背景和现实环境进行有针对性的分析。

在丰富的农户行为理论中，舒尔茨的“理性小农”假说更符合本研究对农户生产环节外包行为的基本假设，主要原因如下：其一，改革开放以来，我国经济快速发展，人民基本的温饱和生存问题得到有效解决，农民家庭经营的目标早已不再是满足基本生存需要，而是为了获得更多的经营收入，并且农业劳动也不是家庭收入的唯一来源，这种情况下，生存小农假说并不适用；其二，随着工业化和城镇化进程的加快，农村剩余劳动力不断向城市转移，农业生产中劳动力的过量投入和内卷化特征已经过去，综合小农学派的假说不再适用当前农业发展阶段。基于此，农户作为理性的经济主体，其经营目标是追求生产利润的最大化，从成本收益的考虑决定是否采用农业生产环节外包行为（徐依婷，2021）。因此，本研究认同理性小农学派的理性经济人观点，并以此作为研究农户农业生产环节外包行为选择的基本理论。

第四节　分析框架与研究假说

一、基本分析框架

20 世纪 70 年代末期的农村改革确定了家庭承包经营是我国农业生产的基本经营制度，因此微观农户家庭的农业生产行为在一定程度上决定了宏观层面上国家农业的发展方向。在既定约束条件下，农业生产行为决策是个体农户基于自身认知角度下对利润最大化的考虑。孔祥智和徐珍源（2010）认为，农户生产生活中面临的诸多因素都可称为农户禀赋，并可划分为内部禀赋和外部禀赋。农业生产环节外包行为既受到农户内部禀赋的影响，也受到外部环境的影响。内部禀赋主要指农户个体、家庭经营特征等，外部禀赋指农户面临的社会环境和区域环境，如合作社特征、技术培训以及所在村庄环境等。在农村劳动力持续向城市及非农产业转移的背景下，有必要综合研究农户整体的禀赋情况，明晰其对农业生产环节外包行为的影响程度。

在城乡经济社会的快速发展下，农业劳动力在不同生产活动中的边际收益差异逐渐拉大，农业生产环节的外包服务可进一步加速农户家庭在收益最大化目标下对劳动力资源的重新配置。劳动力从农业生产活动中转移出来，根据自身能力和比较优势选择务工活动，获取相应的务工报酬。对于以农业生产为主的农户，被节约的劳动力则更有可能继续投入农业生产中，促进其农业收入的增长。与此同时，农业生产环节外包服务充当人力资本和知识资本的传送器，将这两种资本导入生产过程，能够优化要素投入产出结构，提高农业先进技术的推广应用和农业生产效率。对于以非农生产为主的农户，农业生产环节外包后节约的劳动力可配置到非农生产，获得较高的经济收益。总而言之，农业生产环节外包服务市场是影响农户生计的一种要素市场，农户将生产环节外包后，会改变家庭劳动力和土地经营的配置格局，从而带来家庭经济效应的变化。本研究遵循“农户禀赋—外包行为—经济效应”这一逻辑主线（图 2-6），构建农业生产环节外包行为及其效应的理论分析框架。

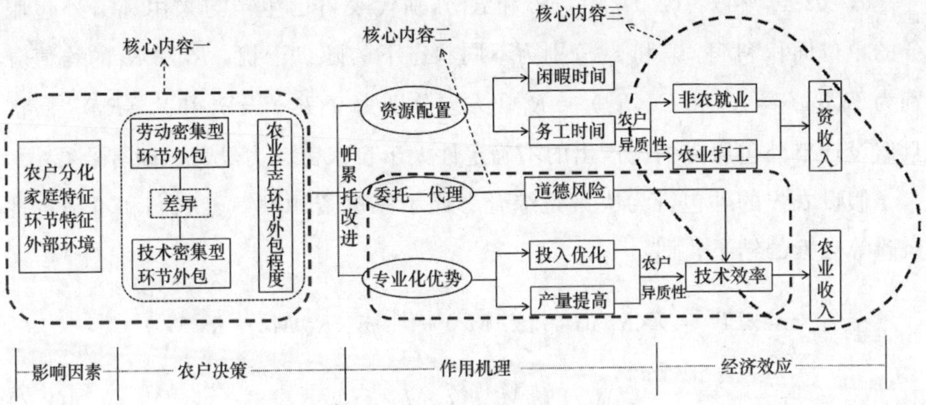

图 2-6 理论逻辑框架

二、关于影响农户生产环节外包行为的理论逻辑

理性农户根据家庭效用最大化的原则，在农业经营和非农就业之间有效配置家庭资源，借鉴 Just 和 Zilberman（1988）和郑旭媛等（2018）的理论模型，构建要素禀赋约束条件下农业生产环节外包行为选择的理论模型。

假设农业要素市场存在信息不对称，或市场交易成本高等问题，家庭资源禀赋是影响农户生产环节外包行为的主要因素。假设农户同时采用外包服务和自己作业，其目的一方面通过引进外部服务来拓宽生产边界；另一方面为了规避农业生产经营风险。假设农户经营土地面积为 M，其中，土地面积 M_1 为购买外包服务，土地面积 M_0 为自己作业，即 $M=M_1+M_0$。同时，设定农户家庭拥有的配置于农业生产的劳动力数量为 L，其中，外包服务时需要劳动力数量 l_1，自己作业时所需要的劳动力数量为 l_0，即 $l_0M_0+l_1M_1\leqslant L$，同时有 $l_1<l_0$，即外包时所需要的劳动力要小于自己作业时的劳动力；农户家庭配置于农业生产的资本为 K，其中，外包服务时需要资本 k_1，自己作业时所需要的资本为 k_0，即 $k_0M_0+k_1M_1\leqslant K$，同时有 $k_0<k_1$，即外包时需要的资本要大于自己作业时的资本。

假设购买外包服务和自己作业时单位面积利润分别为：

$$\widetilde{R}_0=R_0+\varepsilon_0 \tag{2-4}$$

$$\widetilde{R}_1=R_1+\varepsilon_1 \tag{2-5}$$

式（2-4）和式（2-5）中，$\tilde{R}_0$和$\tilde{R}_1$分别代表自己生产与采用环节外包服务的单位面积利润，ε_0 和 ε_1 分别为不同状态下的随机干扰。$\tilde{R}_0$和$\tilde{R}_1$的均值分别为$E(\tilde{R}_0)=R_0$和$E(\tilde{R}_1)=R_1$，方差分别为$V(\tilde{R}_0)=\delta_0^2$和$V(\tilde{R}_1)=\delta_1^2$，且假设环节外包服务情况产出的不确定性大于自家劳动力经营，即有$\delta_0^2<\delta_1^2$。

假设农户的外包行为决策是综合考虑了家庭资源禀赋、利润和不确定性风险等因素的结果，即：

$$\max EU = E(\tilde{R}_0 M_0 + \tilde{R}_1 M_1) - \frac{1}{2}\varphi V(\tilde{R}_0 M_0 + \tilde{R}_1 M_1) \tag{2-6}$$

$$s.t.\ l_0 M_0 + l_1 M_1 \leqslant L \tag{2-7}$$

$$k_0 M_0 + k_1 M_1 \leqslant K \tag{2-8}$$

式（2-6）中，φ表示生产者绝对风险厌恶指数，$\varphi=-EU''/EU'$。

在考虑约束条件式（2-7）和式（2-8）的基础上，将式（2-6）中的方差展开，使用拉格朗日求极值，进一步变形为：

$$\begin{aligned}\max EU = {} & R_0M_0 + R_1M_1 - \frac{1}{2}\varphi[(M-M_1)^2\delta_0^2 + M_1^2\delta_1^2 + 2(M-M_1)M_1\rho\delta_0\delta_1] \\ & + \lambda_1(L - l_0M_0 - l_1M_1) + \lambda_2(K - k_0M_0 - k_1M_1)\end{aligned} \tag{2-9}$$

将EU对M_1求一阶偏导，且 $\partial EU/\partial M_1=0$，可得：

$$\begin{aligned}\frac{\partial EU}{\partial M_1} = {} & R_1 - R_0 - \varphi(M_1\delta_0^2 - M\delta_0^2 + M_1\delta_1^2 + M\rho\delta_0\delta_1 - 2M_1\rho\delta_0\delta_1) \\ & + \lambda_1(l_1 - l_0) + \lambda_2(k_1 - k_0)\end{aligned} \tag{2-10}$$

$$M_1 = \frac{\frac{1}{\varphi}(R_1 - R_0) + M\delta_0(\delta_0 - \rho\delta_1) + \frac{1}{\varphi}[\lambda_1(l_1 - l_0) + \lambda_2(k_1 - k_0)]}{\delta_1^2 + \delta_0^2 - 2\rho\delta_0\delta_1} \tag{2-11}$$

式（2-9）中，外包服务与自己作业的利润相关系数$\rho<0$。λ_1和λ_2分别代表农户面临的劳动力约束和资本约束。

由式（2-11）可以推断：农业生产环节外包行为主要受到以下方面的影响：一是农户土地、劳动力、资本禀赋与风险厌恶程度对外包行为影响，关系如下：

① $\partial M_1/\partial M>0$，土地禀赋对农业生产环节外包行为具有正向影响；

② $\partial M_1/\partial\lambda_1<0$，劳动力禀赋对农业生产环节外包行为具有负向影响；

③ $\partial M_1/\partial\lambda_2>0$，资本禀赋对农业生产环节外包行为具有正向影响；

④ $\partial M_1/\partial\varphi<0$，风险偏好对农业生产环节外包行为具有负向影响。

二是外包环节特征的影响，包括环节外包对农业产出的不确定性以及环节外包服务对资本投入、劳动力投入的需求，关系如下：

① $\partial M_1/\partial\delta_1^2<0$，环节外包的产出不确定性会负向影响农业生产环节外包行为；

② $\partial M_1/\partial l_1<0$，环节外包作业过程中对劳动力的投入需求，会正向影响外包行为；

③ $\partial M_1/\partial k_1<0$，环节外包作业过程中对资本的投入需求，会负向影响外包行为。

根据上述农户外包行为选择的理论逻辑，不同农户间土地、资本和劳动力要素的禀赋差异以及风险厌恶特征的异质性，是影响农户生产环节外包行为选择差异的重要原因。

基于此，本研究按照农户要素市场的禀赋差异以及风险厌恶程度，将农户类型归类为规模户、高兼业户和低兼业户。结合本论文的研究目标，考虑到学界常用的按农户收入比重划分的兼业类型可能混淆了不同种植规模农户之间的差异。本研究在考虑农地规模经营的基础上按照兼业收入比重划分农户类型。借鉴叶敬忠和张明皓（2019）、张瑞娟和高鸣（2018）的相关研究以及国家统计局规模化标准的界定，将土地面积50亩作为划分规模户和小农户的标准，定义家庭经营耕地面积在50亩（含）以上的为规模户；将耕地经营规模在50亩以下，且家庭兼业收入比例高于50%（含）的农户定义为高兼业户；将耕地经营规模在50亩以下，家庭兼业收入比例低于50%的农户定义为低兼业户。三类农户要素禀赋约束与风险特征有明显差异，但无论初始禀赋如何，不同类型农户的最终目标都是实现家庭收入最大化。不同类型农户的外包决策机制分析如图2-7所示：

低兼业农户的家庭收入主要来源于务农收入，面临较强的资本约束和较弱的劳动力约束，风险厌恶程度较高，为规避农业外包服务质量的不确定性和节省成本支出，更倾向于自耕自种；即使购买外包环节作业，也主要购买节约劳动力的劳动密集型服务，而在技术密集型环节中多倾向于自己作业。

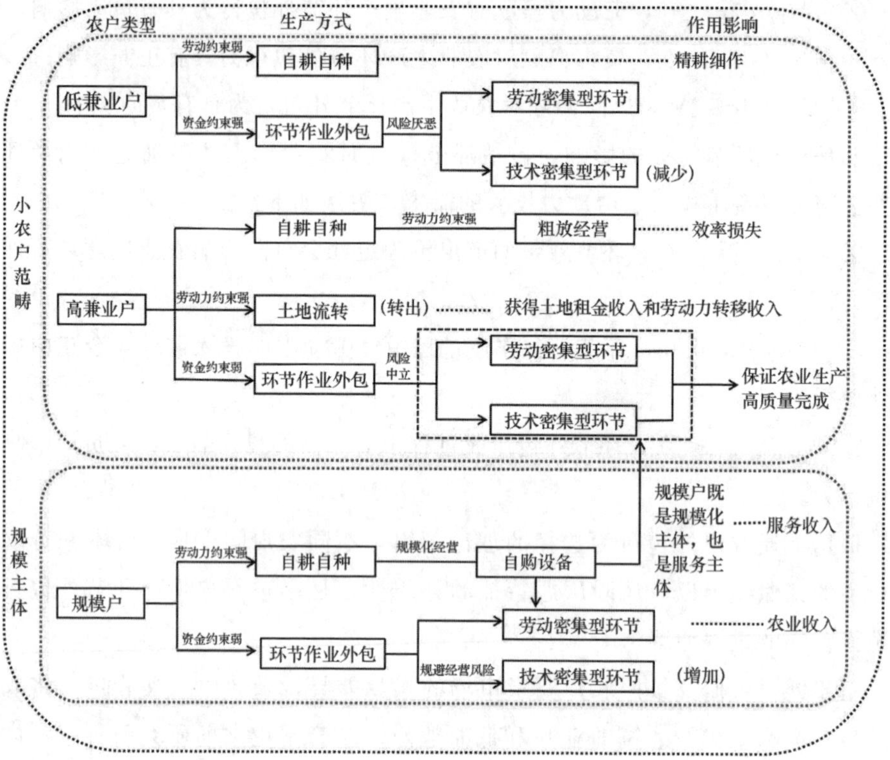

图 2-7　不同类型农户农业生产环节外部决策机制

高兼业户家庭的收入来源主要是务工收入，面临较高的务农机会成本和较低的资本约束，农业收入在家庭收入中的贡献占比较小，家庭重心向非农产业转移。在农业生产中，高兼业户主要表现为 3 种农业经营决策：一是通过粗放的经营方式自耕自种，虽然保留了土地的生产性能，但却带来了生产效率的损失；二是通过土地流转的方式，将土地流转给那些愿意种粮的农户，从而获得租金收入；三是在低资金约束情况下，通过购买外包服务替代家庭内部短缺资源，以此来保证农业生产的顺利完成。

规模户在农业生产中不仅需要较多的劳动力，还需具备应对各种自然灾害以及病虫害灾害的能力，当家庭内部劳动力不足或不具备应付农业生产的技术能力时，其更倾向于通过购买专业化的外包服务来保证农业产量。在劳动密集型环节作业中，规模户通常自主投资购买机械设备，实现规模经营效益，同时也为区域内其他农户提供作业服务。但在技术密集型环节作业中，规模户为规避经营风险和提高生产效率，更倾向于购买外包服务。

考虑到农户面临的禀赋约束，并结合与农户禀赋相关的技术属性，理论上可以判断，不同类型农户对劳动密集型环节外包和技术密集型环节外包的偏好和需求各不相同。

结合上述的梳理推导与理论推断，提出如下研究假说：

假说 2-1：农户要素禀赋状况以及风险偏好影响其环节外包行为；

假说 2-2：不同类型农户的农业生产环节外包行为具有显著差异。规模户实行专业化生产，风险厌恶程度较低，对技术需求较高，为保证农业产量和提高农业效率，更倾向于选择技术型环节外包服务；而低兼业农户劳动力约束弱，资本约束强且风险厌恶程度高，为节省家庭支出和避免环节外包产出的不确定性，更倾向于减少购买环节外包服务。

三、农业生产环节外包对农业生产技术效率的影响及研究假说

1. 农业生产环节外包对农业生产技术效率的影响分析

舒尔茨（1964）在《改造传统小农》中，提出引入新型现代化生产要素是改造传统农业的途径。农业技术水平对提高农业生产效率具有重要作用（侯孟阳和姚顺波，2019）。农业生产环节外包是体现农业技术进步的重要形式，其通过劳动力替代和技术优势进而改变传统的农业生产经营方式。在家庭资源有限约束条件下，理性农户依据收入最大化的行为准则配置家庭生产要素。在农业生产中，农业生产环节外包服务增加的同时也会相应改变其他要素数量，使原先的要素组合发生了变化，从而进一步引起农业生产技术效率的变化。

为更清楚地推导二者之间的关系，本研究以利润最大化条件下的农业生产函数为基础，深入分析农业生产环节外包对农业生产技术效率的影响。

本研究假定所有农户处于同一技术前沿面，即所有农户面临相同的生产技术曲线。图 2-8 展示的是一组约束线和等产量线，纵轴 A 表示土地要素投入，横轴 L 表示劳动要素投入。假设家庭资源全部投入到农业生产中。在家庭资源禀赋初始约束 C_0 的约束条件下，农户可以得到最高产量水平 y_0，此时的生产均衡点为 E_0，对应的要素组合方式为（A_0，L_0）。图 2-9 展示的是生产

技术曲线，生产技术曲线上的点都是技术有效的，点 E_0^* 对应图 2-8 中的点 E_0，代表在现有技术水平条件下，获得一定产出水平时支付的最低成本或者在一定成本投入下获得的最大产出，实现了技术有效。相反，生产技术曲线以下的点表示技术无效。

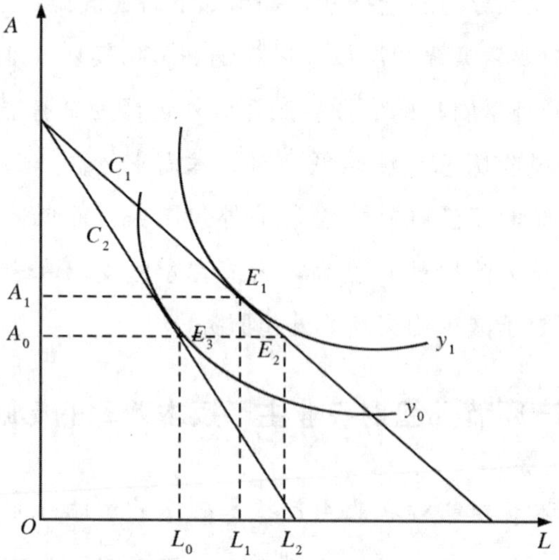

图 2-8 等产量曲线

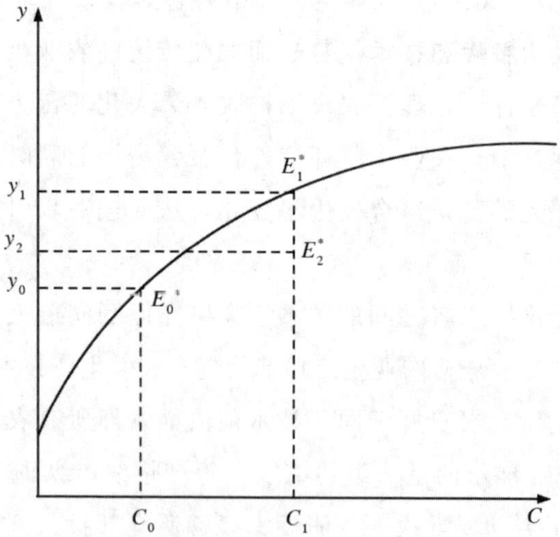

图 2-9 生产技术曲线

替代效应。随着农村青壮年劳动力的大量外移，劳动力务农机会成本和雇工价格不断上升，老龄劳动力和女性劳动力成为农业生产的主力军，农业有效劳动供给减少。根据诱致性技术变迁理论，农户会使用外部且相对便宜的农业服务替代家庭内部相对稀缺且昂贵的劳动力。在农业生产外包服务供给充分且市场完善的情况下，环节外包服务能够从本质上减弱农业季节性对农业劳动力流动的束缚（王玉斌和李乾，2019），破解家庭原有资源禀赋约束，从而提高农业生产技术效率。因此，在图 2-8 中表现为，在同等约束条件下，农户通过购买外包服务形成对短缺劳动力的替代，实质也可以看作劳动力供给的增加，预算线由 C_0 转移到 C_1，在土地投入 A_0 的条件下达到新的均衡点 E_2，对应于图 2-9 中的点 E_2^*，未达到预算线 C_1 约束条件下的最大产出 y_1。也就是说，农业生产环节外包通过劳动力替代效应能够提高粮食产量，但未达到农业产出的最大化水平。

分工效应。农业生产环节外包服务的供给者通常从种粮大户、家庭农场、农业合作社等新型农业经营主体中产生，他们通过整合自身优势资源，将高价值的资本和技术导入到农业服务过程，规避了直接向农户推广技术的难题，降低了农业生产对农户生产技能水平的要求，最终提高了农业产量（杨彩艳等，2018）。在图 2-8 中，表现为在预算线 C_1 约束条件下得到最大化产出 y_1，达到新的均衡点为 E_1，对应于图 2-9 中的点 E_1^*，表现为技术有效，因生产效率提升而增加的总产出为 y_1-y_0。由此可见，农业生产环节外包服务通过分工效应能够减少生产效率损失。

2. 农业生产环节外包对农业生产效率影响的异质性分析

从理论上而言，如果要素市场是完全的，那么农户禀赋对农业生产效率以及群体内的生产效率差距是没有影响的。然而发展中国家的农村要素市场发育往往处于不健全和不完善的状态（王建英等，2015），这也意味着不同禀赋特征的农户，因要素影子价格差异而影响要素的使用数量和使用效率。农户因生产资源处置能力、交易能力以及就业能力等方面的差异，导致环节外包后的农户对农业资源和非农资源的配置并不相同，从而对家庭经济效应产生差异化影响。

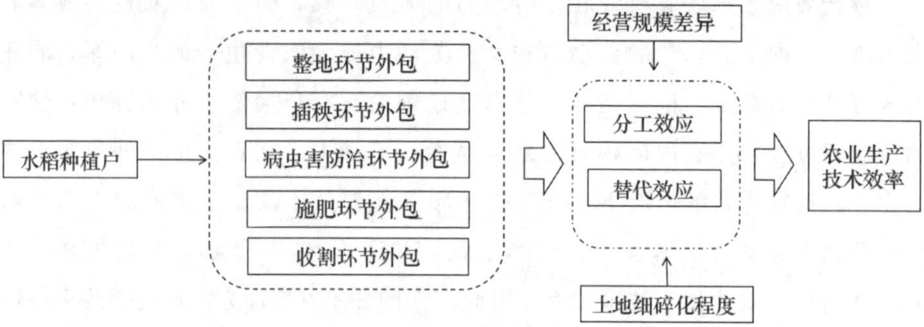

图 2-10 农业生产环节外包影响农业生产技术效率的路径分析

已有研究表明，任何一项经济活动的完整分析都离不开对生产成本和交易成本的讨论（李宁等，2020）。在外包服务过程中，服务供给方基于成本收益的考虑，更加偏好为整片地块服务，而排斥空驶较远距离的机械作业。规模户和小农户并存是我国农业生产经营的重要特征。而二者体量不同也导致其在农业环节外包服务市场上议价与博弈能力存在较大差异，相比于分散小农户，规模农户在外包服务市场中更具有优势（黄炎忠和罗小锋，2020）。如抢收抢种环节，外包服务的供给方针对小农户的报价可能实行“价格歧视”，抬高了外包服务的收费价格，从而增加小农户的投入成本，降低农业生产技术效率；此外，农业产业由于其特殊性，导致农业生产中存在劳动者易于偷懒和监督相对困难的问题（徐宗阳，2016）。农业生产环节外包服务本质上属于典型的委托代理行为，由传统经济理论可知，委托代理双方由于信息不对称的存在导致代理方（服务供给者）容易出现“逆向选择”“道德风险”等问题，进而损害受托方（农民）的利益。监督机制是缓解委托代理问题的重要途径。相比较于小农户，购买环节外包服务的规模户可能面临着较高的交易成本和监督成本，从而抵消甚至超出服务规模经营节约的其他成本，导致农业环节外包服务对规模户生产技术效率存在负向作用。因此，生产环节外包对不同规模水稻种植户生产技术效率存在一定差异和不确定性。

土地细碎化是我国农业生产的重要特征之一，主要表现为地块数量较多且分布分散，使土地要素与其他资源难以达到最优化组合，造成生产要素的低效配置，最终导致微观上妨碍了农业生产技术效率的提高（刘守英和王一鸽，2018），宏观上阻碍了农业生产方式的现代化变革（韩旭东等，2020）。

在外包服务过程中，与土地细碎化现象相伴而生的田埂、沟渠面积增加以及地块不规则、道路不畅等问题的存在，不仅加大了农机效率损耗，而且也增加了农机作业难度，从而削弱了农业生产环节外包服务对农业生产技术效率的正向提升作用。

基于以上分析，提出以下假说：

假说 2-3：农业生产环节外包能够显著提升水稻生产技术效率；

假说 2-4：农业生产环节外包通过分工效应和替代效应来提升水稻生产技术效率；

假说 2-5：农业生产环节外包对水稻生产技术效率的正向促进作用可能因生产条件的不同而存在差异。主要表现在农户类型以及土地细碎化等方面。

四、农业生产环节外包对农户家庭收入的影响分析

1. 农业生产环节外包对家庭收入的影响分析

一般而言，家庭收入主要来源于以下 4 方面：一是农业经营收入，主要是家庭从事农业生产经营获得的收入；二是工资性收入，主要由农户受雇于单位或个人获得的工资性报酬以及从事个体非农经营获得的经营性收入，包括非农就业收入和农业打工收入，其中农业打工收入是指农户向其他农户提供的农业劳动并获取相应的货币收入；三是转移性收入，包括农户从政府或社会团体获得的补贴、救助等转移性收入；四是财产性收入，主要指利用家庭存款、基金、债券等金融资产获取的增值收益与出租自家固定资产获得的租金收入。“半工半耕”是大多数农户家庭的生计模式，农业经营收入与工资性收入是家庭收入的重要组成部分（仇叶，2018）。因此，本研究将重点讨论农业收入和工资性收入。

农户作为理性经济人，基于家庭资源禀赋约束，会自动选择最佳的资源配置方式来实现家庭效用的最大化。借鉴 Benjamin（1992）和夏秋（2019）的农户模型，在不考虑家庭成员之间没有收入转移和财产继承的情况下，得到标准的农户模型：

$$\max U = u(c, l) \tag{2-12}$$

$$s.t.\ c \leqslant Y_f + Y_n + Y_m \tag{2-13}$$

$$Y_f = P_a \cdot f(A, L_f, k, s) \tag{2-14}$$

$$Y_n = w_1 \cdot L_n(s) \tag{2-15}$$

$$Y_m = w_2 \cdot L_m(s) \tag{2-16}$$

农户家庭总收入为：

$$Y = P_a \cdot f(A, L_f, k, s) - C(A, L_f, k, s) + w_1 \cdot L_n(s) + w_2 \cdot L_m(s) \tag{2-17}$$

农户收入方程对农业生产环节外包 s 求一阶导数可得：

$$\frac{\partial Y}{\partial S} = P_a \frac{\partial f}{\partial s} - \frac{\partial C}{\partial S} + w_1 \cdot \frac{\partial L_n}{\partial s} + w_2 \cdot \frac{\partial L_m}{\partial s} \tag{2-18}$$

式（2-12）中，c 代表农户家庭总消费，l 代表劳动力闲暇；农户收入主要来源于农业收入和非农收入两部分。式（2-13）中，Y_f 为家庭农业经营收入，Y_n 为家庭非农就业收入，Y_m 为家庭农业打工收入；式（2-14）～式（2-16）中，P_a 表示农产品出售价格，f（·）表示生产函数，A、L_f、k、s 分别代表农业生产过程中的技术、农业劳动力、资本投入（不包括外包服务支出）以及外包服务投入，w_1 表示非农就业工资，w_2 表示农业打工工资；式（2-17）中，C（·）代表农业生产的成本函数。

式（2-18）为农业生产环节外包对农户收入影响的求导公式，其中 $P_a \frac{\partial f}{\partial s}$ 表示农业生产环节外包的边际产品价值，$\frac{\partial C}{\partial S}$ 表示农业生产环节外包服务的购买的边际成本，两者之差表示农业生产环节外包的农业边际收入。$w_1 \cdot \frac{\partial L_n}{\partial s}$ 表示农业生产环节外包带来的非农边际收入。$w_2 \cdot \frac{\partial L_m}{\partial s}$ 表示农业生产环节外包带来的边际农业打工收入。

自然灾害和贻误农时带来的减产风险是农业生产主要面临的两大风险。农业生产环节外包组织凭借其专业知识和先进装备，在农业生产中进行深耕、深松、精确施肥施药、生物防虫等作业，不仅能够克服分散经营导致的农业生产效率不足和劳动力短缺问题，同时也能够有效抵御自然灾害，保障农业生产不误农时，从而达到人力和畜力无法达到的增产效果，因此 $\frac{\partial f}{\partial s}$ 应大于

0，即农业生产环节外包通过专业化分工和劳动力替代，优化农户生产要素投入结构，保证了粮食生产环节作业的数量进行，并提高了粮食产量，进而增加农业经营收益。但与此同时，农业生产环节外包作为一种要素投入，需要支付一定的费用，因此 $\frac{\partial C}{\partial S}$ 理论上应该大于 0。整体而言农业生产环节外包服务对农业收入的影响不仅受制于边际产品价值，同时也受到边际成本的影响，只有边际产品价值大于边际成本时，农业生产环节外包对农业收入才有正向影响，因此，二者之间具有不确定性。

进一步地，在假定农户闲暇偏好不变的情形下，为追求家庭效用最大化，农户购买农业生产环节外包服务，突破了农户原有的资源禀赋约束，使农户能相对自由地权衡配置家庭自有要素与外部资源。农户将节约的农业劳动时间和劳动力投入非农就业或农业打工活动中，使农户获得务农和务工的双重收益保障。随着农业生产环节外包程度的提高，农户个体因劳动时间的有限性，只能将有限的剩余劳动时间在非农就业和农业打工之间进行合理分配。由于非农边际收益较高，农户优先将家庭劳动力资源配置到收益更佳的非农行业，最终会有 $\frac{\partial L_n}{\partial s}>0$ 和 $\frac{\partial L_m}{\partial s}<0$，其含义为农业生产环节外包服务对农户的非农收入具有促进作用，但可能会减少其在农业领域的打工收入。

基于以上分析，提出如下假说：

假说 2-6：农业生产环节外包有利于提高农户家庭收入水平，并对不同类型的收入影响不同。

随着农业生产环节外包服务市场的发育成熟，农户选择外包服务，一方面能够缓解家庭自身的劳动力约束，使农业生产活动不再严格遵循个体农业生产者的经验积累机制，低技能、低收入农户借助生产环节外包，可以弥补自身农业技术应用的困难，甚至依靠自身农业经验优势，实现经营决策上的快速赶超。另一方面技术采用的增收效应因农户技术采纳时间的推移而逐渐减弱（张康洁，2021）。相比于低收入农户，高收入农户的资源禀赋能力强，环节外包采纳时间较早且采纳度高，享受环节外包增收的福利效应时间较早，致使后期收益增加空间有限。与之相比，低收入农户资源禀赋约束性强，其环节外包行为及程度会受到高收入农户的示范带动，从而使环节外包的增收效应迟滞。如此，环节外包必然会较大提升低收入农户的生产效率，进而提高其增产潜力和劳动力转移机会，实现更大幅度的增收。

假说 2-7：农业生产环节外包的增收效应在不同收入水平农户中表现出显著差异。

2. 农业生产环节外包对家庭收入的影响分析：群体内部差异

随着市场化进程的推进，农户生计资本逐渐分化，农户不再是高度同质的群体，而是具有不同处置能力的生计资本异质性群体（邝佛缘等，2017）。农户外包生产环节后，家庭农业经营能力的高低以及家庭成员能否顺利转移到就业市场，是提高家庭收入的关键因素。在现实中，农户家庭可能因某方面资源禀赋的缺失导致家庭无劳动力、无能力或者是无机会向就业市场转移，从而导致农业生产环节外包行为的增收效应出现差异（陈成文等，2019）。

一般而言，规模户和小农户因体量不同在技术应用、交易成本以及地块细碎化等方面均存在显著差异。服务主体更偏好为规模户提供服务，其原因是规模户经营面积较大，土地相对集中连片和平整成方，农业外包服务效率和服务质量都处于较高水平（董欢，2017）。而小农户土地规模小而分散，农业机械作业过程中油耗和磨损较大，农机服务费用较高，限制了生产环节外包服务在小农生产中高质量的实施，从而影响了小农户农业经营收入的提高。由此可见，生产环节外包有利于提高规模户的农业经营收入。从非农收入来看，农户购买生产环节外包后，能够释放家庭剩余劳动力，小农户因经营面积小，将更多的劳动力配置到非农就业市场，从而提高家庭非农收入水平。

老龄化程度的加深意味着劳动力有效供给的减少，进而影响到农户家庭收入的提升。随着家庭老龄化程度的加深，农户购买外包服务后节约的家庭剩余劳动力仍为老年人，老龄劳动力因体力和文化程度获得非农就业的能力和机会降低，在非农就业市场上处于弱势地位，但其相对丰富的农业经验，在农业打工活动中具有一定的比较优势。相比于非农就业，农业打工绝大部分是“就地就近转移”，老年人不仅能在自己熟知的农业领域发挥比较优势，同时也能就近照顾家庭。

基于此，提出假说 2-8：生产环节外包对家庭收入的正向提升作用可能会因农户禀赋不同而存在差异，这些禀赋表现为农户经营规模、农户年龄禀赋等方面。

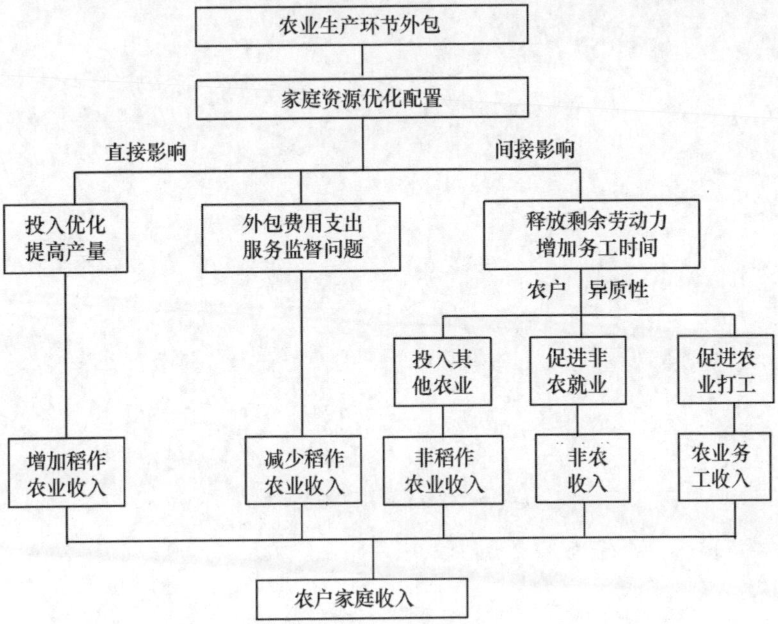

图 2-11 农业生产环节外包影响农户家庭收入的作用机制

本章小结

本章首先对研究中的农业生产环节外包、技术效率和家庭收入等概念进行界定。在此基础上，对本研究中所涉及的分工理论、诱致性技术创新理论、委托代理理论农户行为理论进行阐述。最后遵循“农户禀赋—外包行为—经济效应”这一逻辑主线，构建农业生产环节外包行为及其经济效应的理论分析框架，并提出相关研究假说。

第三章

农业生产环节外包服务发展状况分析

引言：农业生产环节外包并非新鲜事物，其产生和发展根植于特定的历史背景和市场条件，并表现出与社会经济发展相耦合的特征。农业生产环节外包行为如何产生？从全国层面来看，农业生产环节外包的演变历程和发展程度如何？从微观调研数据来看，样本区域水稻生产环节外包服务呈现出怎样的特征？

农业生产环节外包并非新鲜事物，其产生和发展根植于特定的历史背景和市场条件，并表现出与社会经济发展相耦合的特征。早在明清时期，关中地区农民就将小麦收割环节作业交由专业的麦客完成，这也是家庭经营和外包经营相结合的早期形态。随着大量农村劳动力向城市和非农产业转移，农业生产环节外包逐渐成为保证农业生产顺利完成的重要补充。

本章基于宏观数据和现实情境，对农业生产环节外包发展的内在动因、生成条件以及演变趋势进行系统梳理。在此基础上，基于微观调研数据，对调研样本区域的农业生产环节外包服务情况进行统计描述。通过本章的分析，旨在回答：农业生产环节外包行为如何产生？从全国层面来看，农业生产环节外包的演变历程和发展程度如何？从微观调研数据来看，样本区域水稻生产环节外包服务呈现出怎样的特征？

第一节 农业生产环节外包发展概况

一、农业生产环节外包的内在动因

所谓农业生产环节外包的内在动因，是农业生产环节外包行为产生的逻辑起点，是指农户作为农业生产经营的行为决策者，购买环节外包服务的意愿。主要表现为农户对土地保障作用的诉求、对家庭增收和家庭资源配置的内生性需求。

（1）对土地社会保障作用的诉求。从理论上看，农户生计选择的多样化能够减弱农户对农业收入的依赖。但在现实实践中，非农就业的短期性、临时性、不稳定性使农地的社会保障功能远大于生产功能（朱启臻和胡方萌，2016）。此外，户籍制度改革虽然放松了对劳动力自由迁徙的强制性约束，但与户籍直接相关的社会福利并未得到相应调整（张国胜和陈瑛，2014）。农村进城务工人员不能均等化享受城市医疗保障和养老保险，以及子女教育在内的一系列民生利益，导致进城务工农民难以全面扎根城市。因此，土地作为农民最后的退路，具有较强的社会保障功能（李国强，2015）。农村劳动力尽管“离农”但并没有完全“离地”（许庆和陆钰凤，2018）。还有学者指出在当前农村公共服务设施落后的背景下，对农户而言，种地变相地成为一种锻炼身体的方式（郑阳阳和罗建利，2019）。总而言之，当前我国农户的温饱生存问题已经得到解决，但由于农村社会保障制度的不健全、非农就业不稳定以及公共服务建设的滞后，农民面临的问题更多来自未来生活的不确定性带来的生存压力，而土地具有重要的生活保障作用。从国家战略角度而言，农村是中国经济快速发展过程中的稳定器和蓄水池，不仅使近代以来城镇化推进过程中的各种风险得以转移，同时也降低了制造业的成本，有助于中国跨越中等收入陷阱（贺雪峰，2015）。

在这一情形下，农业生产环节外包能够充分保障农民的土地收益：一方面，农户可以根据务工时间，灵活自由地选择不同环节外包，保证农业生产顺利进行并获得相对稳定的农业收入；另一方面，农业生产环节外包能够缓解农机专用性投资的资金约束。随着农业内部劳动分工的逐渐深化，各种先进的农业机械发明和应用能够显著提升农业生产效率，但单个分散经营农户在尚未达到一定土地规模时就投资购买农机设备，会造成较高的沉没成本。而农户通过购买环节外包服务能够获得相对稳定的农业经营收益。

（2）保证家庭利益最大化的目标驱使。根据马斯洛需求理论，人的需求层次和目标是不断提高的过程。当温饱生存问题解决后，人们就会进一步考虑如何增加家庭收入和提高生活的质量层次。家庭联产承包责任制的确立使多数农民解决了温饱问题，但仅靠农业收入还无法实现农村家庭收入持续增长的目标。当多数农民的基本生存问题解决后，必然会进一步产生对提高家庭收入和改善生活质量的诉求。改革开放以来，农民收入结构的变化轨迹也证实了这一点。2020 年，农民收入结构中工资性收入占比达到 40.71%，成为农户家庭最重要的收入来源。农业生产环节外包能够实现服务对劳动力的有效替代，一方面能够保证家庭农业经营收入；另一方面释放出的家庭剩余劳动力能够以农内转移、非农就业等形式转移到第二、第三产业，从而提高家庭的工资性收入。

（3）实现家庭劳动力资源合理利用的需求。发轫于 1978 年并迅速在农村全面实施的家庭联产承包责任制，充分赋予农民土地的自主经营权，农业生产力迅速提高，但与之相伴随的负效能是农村人均耕地面积狭小和人地比例失调，农业剩余劳动力存在“内卷化”特征，其边际生产率几乎为零，积极向外寻求就业工作是实现家庭资源充分利用和优化配置的有效方式。因此，当外部资源条件具备时，农户必然将家庭剩余劳动力资源向外转移。随着户籍制度的放松和城镇化的迅速发展，农业生产环节外包为释放家庭剩余劳动力，实现家庭劳动力资源的充分整合提供了有效路径。

2. 农业生产环节外包生成的条件

内在动因仅是作为农户个体的主观意愿而存在，还没有形成实际需求。只有在充分具备相应条件时，农业生产环节外包意愿才能转换为实际行动。

(1) 非农就业的增收效应和劳动力约束效应，驱动农户对农业生产环节外包服务的需求。生产环节外包服务的需求被认为是外包服务市场发展的主要驱动力。改革开放以来，农村劳动力向城市部门大规模转移，带动了人口、资本和信息等资源要素向城市集聚，为我国工业化和城镇化的建设做出了重大贡献，但同时也使农业生产面临不同程度的劳动力数量和质量约束问题。

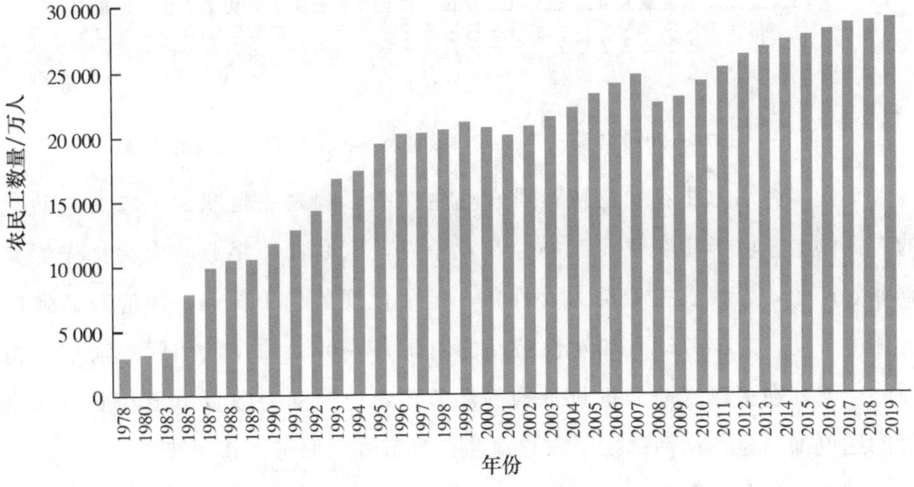

图 3-1　1978—2019 年农民工数量（万人）①

由图 3-1 可知，1978—2019 年，农民工数量由 2 897 万人持续上升至

① 由于全国农民工的数量在 2008 年才开始正式统计，所以 1978—2007 年全国农民工数据主要参考杨聪敏（2009）测算的数据；其他数据来源于 2008—2020 年农民工数据来源于《农民工监测调查报告》。

2019 年的 29 077 万人，大量农村劳动力涌入工业和服务业，农业经营人员数量不断下降。如图 3-2 中所示，我国乡村第一产业人员数量从 1991 年最高峰值的 3.91 亿人下降到 2019 年的 1.94 亿人。大量农业劳动力向第二、第三产业转移，直接改变了农户家庭资源配置和生产经营环境，引起家庭农业经营的劳动力数量和质量下降，进而对农业生产产生影响。

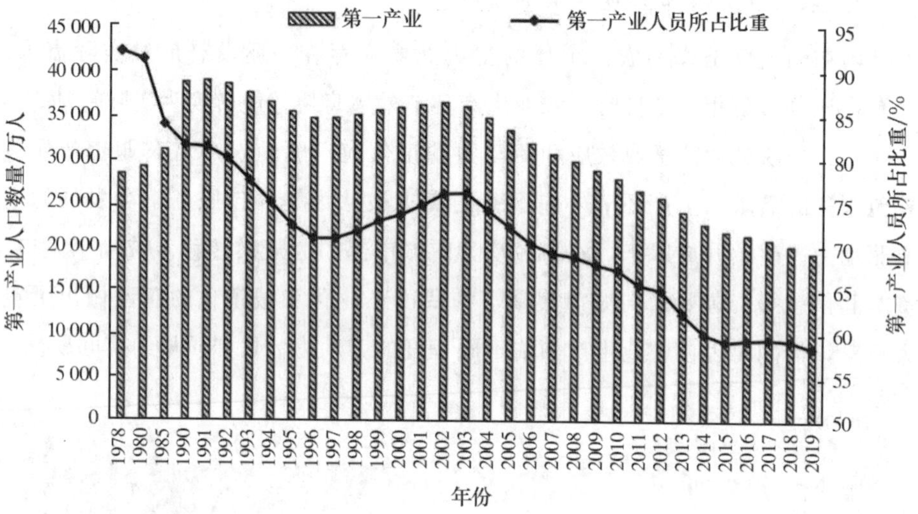

图 3-2 1978—2019 年第一产业人口数量及其占乡村就业人员的比重①

首先，劳动力非农就业转移对农业生产的影响之一是减少了农业劳动力的有效供给。由于非农就业市场存在竞争性，家庭青壮年劳动力会优先配置到非农产业，导致农村劳动力女性化、老龄化现象趋于普遍。为应对高强度的体力劳动，老年劳动力和女性劳动力对可替代劳动的技术和服务需求更为强烈。尤其在多熟制地区抢收抢种等环节，农业劳动力数量不足和质量不足等问题更加凸显，从而诱发了农户对生产环节外包服务的进一步需求。

其次，非农就业通过改变劳动力相对价格进而影响农业生产。自 1978 年以来，农户务农成本一直呈现不断上升的趋势，到 2019 年年底，劳动日工价已高达 86.38 元。家庭用工天数从 1978 年的 33.30 天下降到 2019 年的 4.34 天（图 3-3）。随着务农机会成本的上升，农户更有可能通过购买外包服务完

① 数据来源于《中国农村统计年鉴》。

成环节作业，从而释放出更多的劳动力参与非农就业，提高家庭收入。

此外，非农就业通过“收入效应”对农业生产环节外包需求产生影响。非农就业汇款收入能够有效缓解农户家庭的资金约束问题（Brauw et al.，1999；Taylor et al.，2003），确保农户有能力购买环节外包服务，进而保证农业生产的顺利进行。

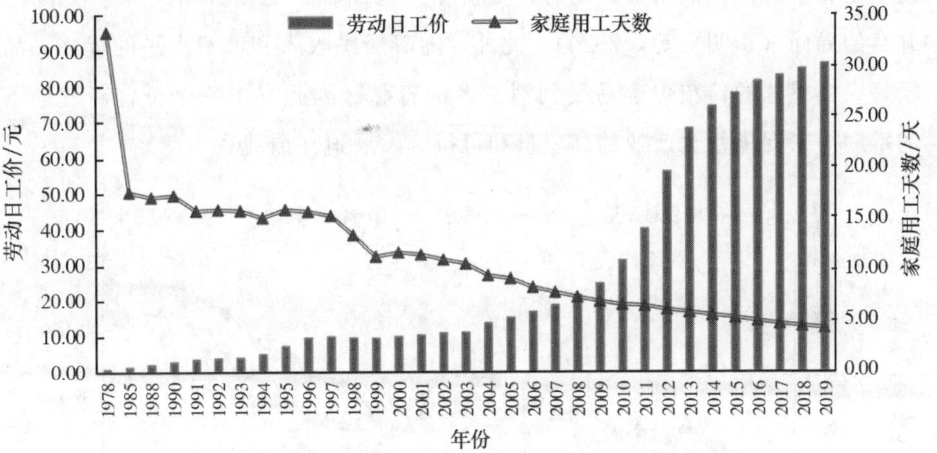

图 3-3　1978—2019 年劳动日工价及家庭用工天数①

（2）环节作业利润保证了农业生产环节外包的服务供给。环节外包作为在市场上可交易的服务型商品，外包服务的供给方也是推动外包服务市场发展的重要主体（刘家成，2019a）。在服务规模经营利润的诱惑下，家庭农场、农业合作社以及专业化服务组织等逐渐成为农业环节外包服务的供给主体，其专业化和标准化使得农业生产环节外包成为适应当前劳动力外出和现代农业发展的有效经营方式。部分土地规模经营主体也开始向专业的服务主体转变，其原因是规模化服务供给有利于降低土地规模经营的成本和风险。在传统通过土地流转形成的规模经营中，即使在面临自然灾害等不可抗力因素或价格下跌等原因时，规模经营主体仍需按照原先规定向农户支付土地流转费，抬高了农业生产成本，且容易加剧经营风险。但通过提供环节作业服务形成的服务规模经营能够有效规避这一风险。

① 数据来源于《全国农产品成本收益资料汇编 2020》。

（3）利好政策推进了农业生产环节外包服务发展。2004—2019年，我国实现了粮食产量的“十六连丰”（图3-4），人均472千克的粮食占有量远远超出国际粮食安全线。在四大口粮作物中，稻谷和小麦的自给率达到了100%。虽然我国粮食数量安全得到有力保证，但是长期以来，我国粮食产量的增加主要依赖于资本和劳动力等要素的持续投入，这种粗放型的增长方式具有后劲不足和不可持续的特征，同时，粮食生产也面临“三量齐增”“三本齐升”并存的局面（李明文等，2020）。此外，随着居民收入和消费水平的提高，品质好、口感佳的口粮更容易受到消费者的青睐。因此寻求一个符合新背景下的推动力来促进粮食产业的高质量和可持续发展迫在眉睫。

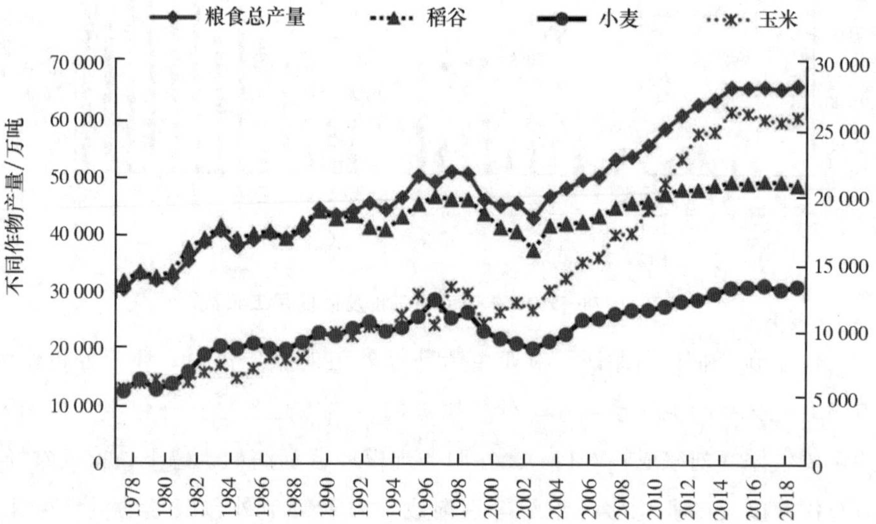

图3-4　1978—2019年粮食总产量及不同作物产量①

在当前以及未来相当长的一段时间内，小农户仍然是我国农业生产经营的主要主体，也是保障国家粮食安全和农产品有效供给的对象。然而，分散经营的小农户无论是在新技术应用，还是在保障食品安全和抵御市场风险中，均呈现出不同程度的生产弱势、市场弱势和政策弱势，小农户与现代农业之间具有互斥性的一面（陈航英，2019）。农业生产环节外包服务是引导小农户

① 数据来源于《中国农村统计年鉴—2020》。

走上现代农业道路的重要途径，其通过优化农业资源配置和改善要素结构，破解了小农户的资源禀赋约束，为解决“谁来种地”“怎样种地”等突出问题提供了有效的解决方案。可见，发展农业生产环节外包服务是现代农业产业体系中不可或缺的重要部分，也是转变传统经营模式，提高农业生产效率的重要方式之一。鉴于其重要作用，近年来国家出台的政策文件中，多次强调支持农业生产性服务业的发展（图 3-5）。2013—2020 年，国家累计投入 190 亿元资金专门用于支持发展各地区的农业社会化服务。

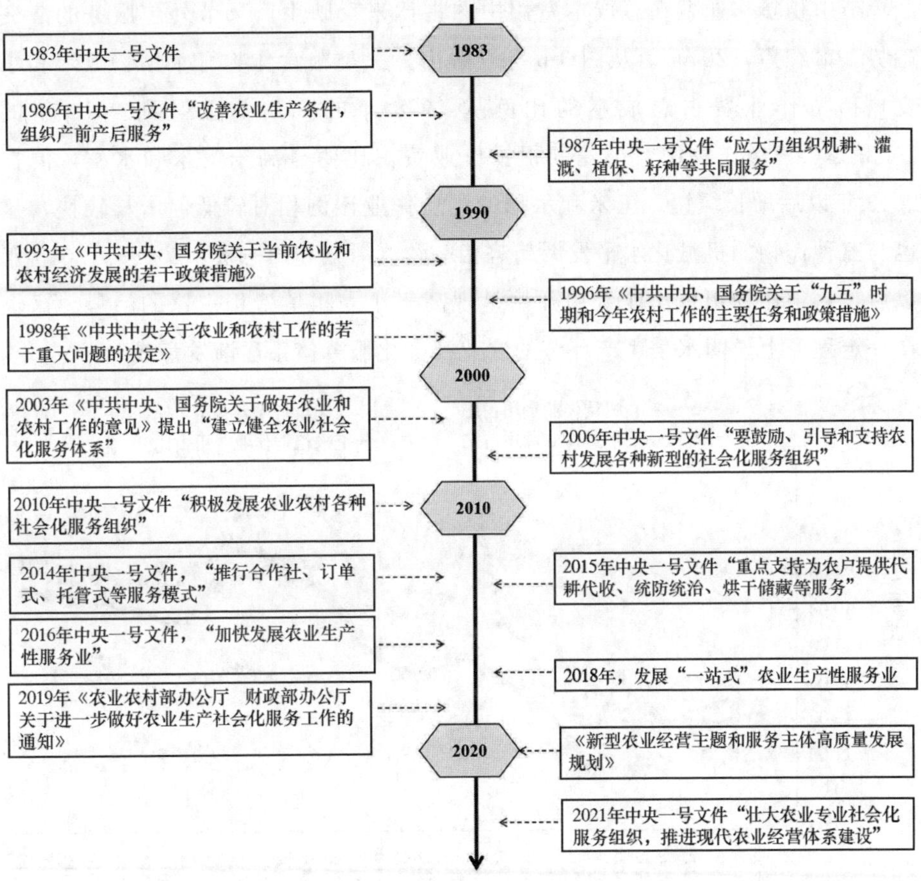

图 3-5 农业生产环节外包服务相关政策

由此可见，劳动力转移改变了农业生产环境和农户家庭资源禀赋，“谁来种地”的问题日益凸显，土地的社会保障功能使得农户更愿意持有土地。农业生产环节外包的有利可循也保证了服务供给，同时，国家政策也为农业生产环节外包服务的发展提供了利好的政策环境。

3. 农业生产环节外包服务的演变趋势

农业生产要素的相对稀缺性会引起要素价格发生变化，最终导致农户采用不同的要素配置方式。这也启发我们，对农业生产要素禀赋的特征及变化统一进行观察，在一定程度上能够判断出农业要素的变迁方向。《全国农产品成本收益汇编》统计了不同作物的成本收益数据，其中租赁作业费指生产者租用其他单位或个人机械设备和畜力进行作业所支付的费用，有学者使用生产环节中租赁作业费在总成本费用中的占比来反映生产环节外包服务的演变趋势（申红芳，2014）。从图 3-6 可以看出，三类粮食作物（水稻、玉米和小麦）租赁作业费占总成本的比例从 1978 年的 8.73％上升到 2019 年的 20.39％。三类作物中，小麦的租赁作业费占比明显高于玉米和水稻，但在 2013 年以后增长缓慢，玉米和水稻的租赁作业比例相对较低但增长较快，这也与三种作物的机械化水平发展趋势相一致（潘彪和田志宏，2018）。2015 年以后，水稻作物租赁作业费用开始呈现高于小麦租赁费用占比的趋势。这也在一定程度上说明水稻生产环节的农业社会化服务体系逐渐发育成熟。

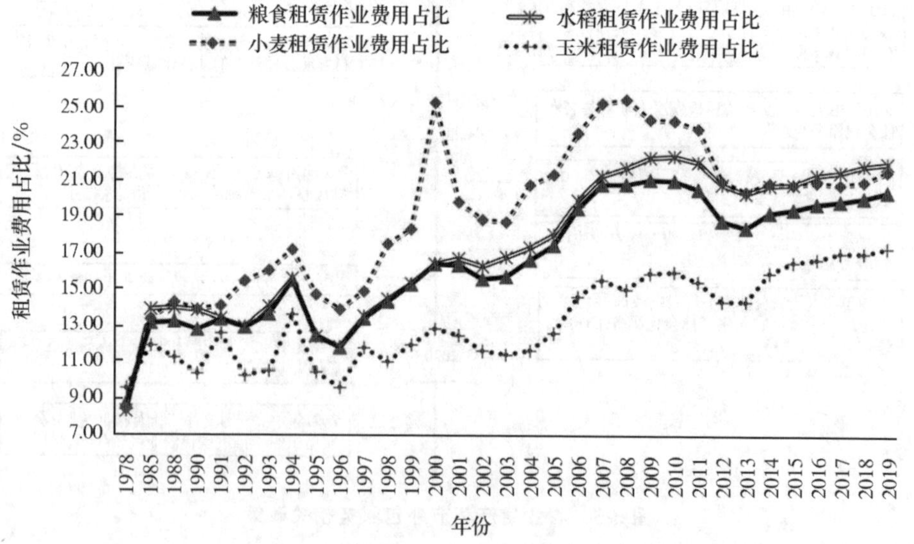

图 3-6　1978—2019 年粮食作物租赁作业费占比变化①

① 数据来源于《全国农产品成本收益资料汇编》。

（1）第一阶段：1978—1995年，农业生产环节外包的初级阶段。1978年实施的农村改革，使农业生产经营方式由原先的集体统一经营转变为一家一户的生产经营制度，农民生产积极性被极大地激发，农业生产效率迅速提高。与此同时，农机产权政策也逐渐开始松绑，农户可以自由购置农业机械。1983年中央一号文件中提出允许“农民个人或联户购置农服产品加工机具……在现阶段原则上也不必禁止私人购置”。1984年国务院出台相关文件明确提出“允许农民个人或联户……投资和经营农机”，自此农户获得了自主购买、经营农机的权利，冲破了生产资料不得个人所有的禁锢，农业机械作业由原来的“官办”转向“民办”。由于家庭联产承包责任制形成了土地分散经营的格局，与之相匹配的小型农用机械成为农户的主要投资对象。以农用拖拉机为例（图3-7），1978—1995年，我国农用大中型拖拉机保有量明显下降，而小型拖拉机保有量从137.30万台提升至864.63万台，谷物联合收割机数量不断增长。据学者测算，1984年家庭联产承包责任制普及时，国内每百户中拥有拖拉机的农户比率仅为2.30%，但每百户中实现机耕作业的农户比率达到39.10%，这表明已有部分农户通过购买农机作业服务实现机耕作业，农机作业服务市场初步形成（赵海涛等，2020）。

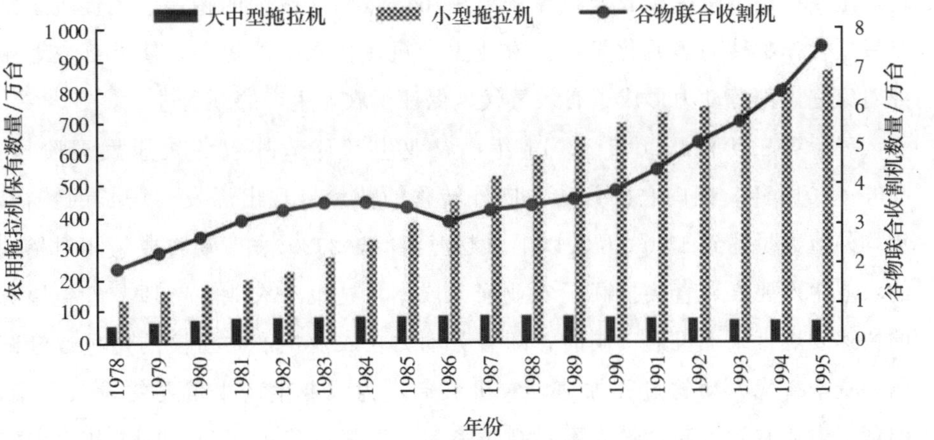

图3-7　1978—1995年全国农用机械情况①

（2）第二阶段：1996—2004年，农业生产环节外包的形成阶段。农村青

① 数据来源于《中国农村统计年鉴—2019》。

壮年劳动力的大量外移导致农业劳动力面临季节性和结构性短缺问题。1996年，1.30亿的农村劳动力从农村流出而转移到城市和非农产业，“农闲务工、农忙务农”的兼业经营模式成为这一时期的主要生产经营特征。随着农业劳动力转移进程的加快，为减少务工与务农之间相互转换的交易成本和机会成本，“老人农业”“妇人农业”成为农业经营的常态。在这一情形下，为缓解农业季节性劳动力不足的问题，尤其在高强度的劳动密集型环节，农户购买外部服务成为应对这一问题的主要途径。在这一背景下，以联合收割机跨区作业为代表的农机社会化服务模式逐渐发展，有效缓解了农业生产过程中的季节性和结构性短缺问题。

此外，政府层面的强制性制度变迁也为农业生产环节外包服务的发展提供了利好的政策环境。1996年，农业部召开全国“三夏”跨区机收小麦现场会，充分肯定了跨区机收作业服务模式。1997年，农业部等相关部门联合声明为持有跨区作业证的联合收割机减免过路过桥费。2003年，农业部在河北省藁城市召开保护性耕作暨“三秋”机械化生产现场会，提出重点组织联合收割机开展水稻跨区机收工作，力争参加秋季水稻跨区机收的联合收割机数量突破3万台，完成水稻跨区机收面积3 000万亩以上。上述相关政策的出台，不仅推进了跨区域农业机械服务由小区域向大范围的拓展，也促进了从单一粮食作物转向多元化发展。农业生产机械化水平的提高，使外部农业服务对家庭内部劳动力形成了有效替代，保证了农业生产的顺利进行。

(3) 第三阶段：2005—2014年，农业生产环节外包的快速发展阶段。2005—2010年，国内农村劳动力向外转移的数量呈现出爆发式增长的特征，年均外流数量达到1 000万人以上（赵海涛等，2020）。劳动力成为相对稀缺的农业生产要素，直接抬高了农业雇工成本，这也为农业生产环节外包服务的快速发展带来了机遇。同时，随着劳动力在农业生产中扮演的角色逐渐减弱，资本替代劳动的过程加速，农机服务成为农业生产中重要的投入要素，保证了农业有效劳动力投入不足视角下粮食产量的稳中有升。2005年，国家开始着重培育发展农机中介服务组织，以此提高农机作业的组织化程度和专业化能力。2006年《全国农机社会化服务“十一五”规划纲要》指出，要“推进多元化和专业化的农机社会化服务组织”。在水稻机械化作业方面，制定了我国《水稻生产机械化十年发展规划（2006—2015年）》，力争在5～10

年内使水稻优势主产区的生产机械化水平达到70%以上。整体而言，在此阶段，不同粮食作物的跨区作业蓬勃发展，成为农业生产环节作业中重要的经营方式（图 3-8）。

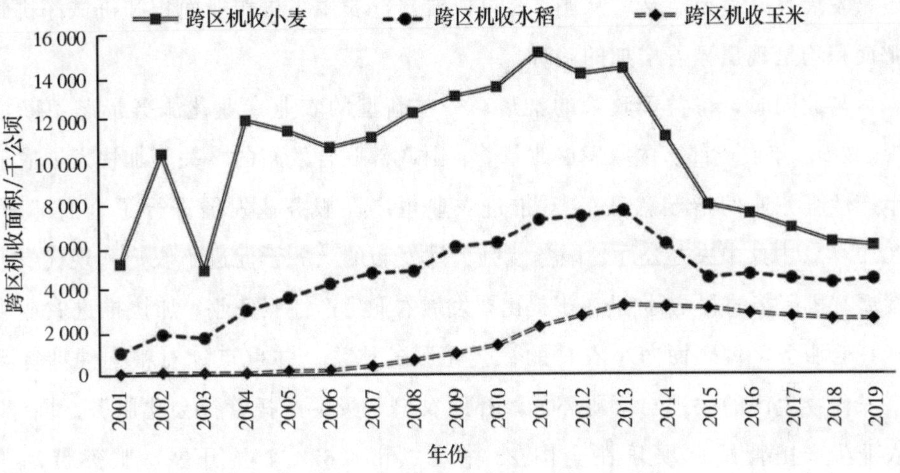

图 3-8　2001—2018 年跨区作业面积①

（4）第四阶段：2015 年至今，农业生产环节外包的全面发展阶段。随着我国经济发展进入新常态，农业生产面临诸多问题和挑战：一是国内农资价格持续上涨挤压了农业盈利空间，粮食产业出现产量、进口、库存“三量齐增”的现象（陈锡文，2016）；二是农业面源污染逐步转变为多方面、立体式污染（万宝瑞，2017），加之绿色生产及清洁生产技术推行艰难（李国祥，2017），农业生态污染问题加剧（尚杰等，2019；范晓亚和陈杰，2019；Li，2011），严重威胁着我国食品安全和农业可持续发展；三是传统农业的增收路径逐渐失效。农业在家庭择业选择中被不断边缘化，牢固有利的农业生产方式难以形成（蔡昉和王美艳，2016），这不仅阻滞了农业生产力的稳定提高与农民增收致富，而且贻误生态环境的改善和威胁农业可持续发展。由此可见，传统注重数量、忽视质量的粗放型发展方式已难以为继。新时期农业发展应强调以绿色生态为导向，注重先进农业技术的推广应用，从而推进农业高质量发展和提高农业竞争力，这也对农业生产环节外包服务的发展提出了新的

① 数据来源于《中国农业机械工业年鉴》。

要求。早期的农业生产环节外包主要表现为机械对劳动力的替代，但随着农业生产环节外包服务的不断发展成熟，稻田插秧、病虫害防治、施肥管理等技术密集型环节的外包服务逐渐兴起，并得到推广和应用，对于推进农业高质量发展具有重要意义。从图 3-9 可以看出，农用飞机作业面积和机械深耕施肥面积均呈现出显著增加的趋势。

与此同时，得益于政策的推进，一些新型的农业专业化服务形态不断涌现。2017 年农业部、国家发展改革委、财政部联合发布的《关于加快发展农业生产性服务业的指导意见》，对推进农业生产性服务业发展进行了全面部署。2019 年，中共中央办公厅、国务院办公厅发布的《关于促进小农户和现代农业发展有机衔接的意见》，进一步提出要发展农业生产性服务业，加快推进农业生产托管服务，健全面向小农户的社会化服务体系，并重点针对粮棉油糖等大宗农作物生产的关键与薄弱环节，补助农户购买生产托管社会化服务。同年，农业生产托管试点项目在全国 22 个省（市）632 个县开展，服务带动了 6 000 万个小农户。此外，外包服务中农业机械也不断升级换代，如植保环节由背负手动式喷洒逐渐发展为无人机喷洒式，大大提高了农业生产效率。

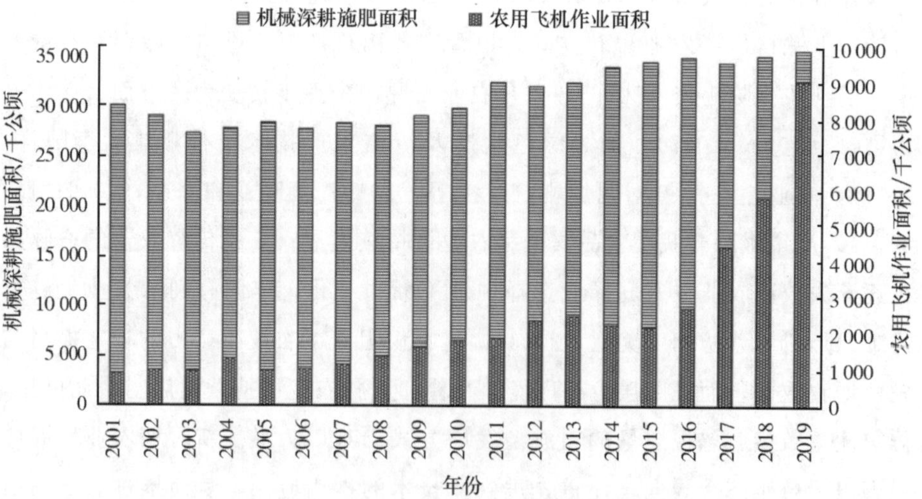

图 3-9　机械深耕施肥面积和农用飞机作业面积①

① 数据来源于《中国农业机械工业年鉴》。

第二节　调研样本地区水稻生产环节外包情况

上述分析利用全国宏观数据，对农业生产环节外包的演进轨迹以及发展特征进行了宏观维度分析，整体上能够对农业生产环节外包发展形成初步了解和总体认知。但要深入把握农业生产环节服务外包的发展现状及其特征，还需进一步从微观调研着手，对样本区域农户层面的数据进行挖掘。由此，本研究设计问卷调查方案，针对农户家庭的生产经营状况与生产环节外包服务情况进行问卷调查，收集第一手微观调研数据。

1. 调查设计与样本说明

数据来自课题组成员在湖南、安徽、江苏 3 省 466 个水稻种植户的问卷调查。本次调查收集了 2017 年农户水稻投入产出情况和水稻生产环节外包情况等。具体调研内容：户主基本情况，包括性别、年龄、文化程度等；农户耕地信息，包括种植面积、土壤质量、地形条件、灌溉条件等；家庭特征，包括家庭成员及收入、是否加入合作社、是否有村干部、社会资本情况等；生产环节外包情况，包括农户在水稻各个生产环节的外包情况等。

2. 描述性分析

基于湖南、安徽、江苏 3 省 466 份水稻种植户调研数据，详细分析种植户基本特征以及农业生产环节外包行为特征。

（1）农业生产决策者特征。调研样本的农业生产决策者基本特征如表 3-1 所示，从性别分类来看，水稻种植户中男性生产决策者占比 95.06％，女性占 4.94％；从年龄分布来看，51 ～ 65 岁占 49.36％，而 35 岁及以下仅占 2.58％，这也验证了目前我国农业老龄化现象；从受教育程度来看，小学文化种植户占 20.17％，初中文化种植户占 38.20％，说明目前水稻种植户文化水平普遍较低。

表 3-1 农业生产决策者特征分析

变量	类别	样本量	比例/%
性别	男	443	95.06
	女	23	4.94
年龄	≤35 岁	12	2.58
	36～50 岁	126	27.04
	51～65 岁	230	49.36
	≥65 岁	98	21.03
受教育程度	未上学	99	21.24
	小学	94	20.17
	初中	178	38.20
	高中/中专/职高	83	17.81
	高中及以上	12	2.58

(2) 家庭农业生产经营特征。调研样本的家庭农业生产特征如表 3-2 所示，大部分家庭有 2～3 个劳动力，其中劳动力数为 1 个的农户占 7.73%，2～3 个的占 65.02%，4 个以上的占 27.25%；家庭劳动力平均年龄 36～50 岁占 53.43%，51～65 岁占 31.54%；有村干部家庭占 12.66%，没有村干部家庭占 87.34%。以国家统计局关于大小规模的划分标准，以种植面积 50 亩为界限，家庭种植面积大于 50 亩的占 29.61%，种植面积小于 50 亩的占 70.39%，这与我国水稻种植规模结构（以小农户为主）类似；土地地形以平原为主的占 73.18%，非平原地区占 26.82%；家庭参与合作社占 32.4%，而不参与合作社的占 67.6%。

表 3-2 家庭基本特征分析

变量	类别	样本量	比例/%
家庭劳动力数量	1 个	36	7.73
	2～3 个	303	65.02
	≥4 个	127	27.25
家庭劳动力平均年龄	≤35 岁	37	7.94
	36～50 岁	249	53.43
	51～65 岁	147	31.54
	≥65 岁	36	7.73

续表 3-2

变量	类别	样本量	比例/%
家庭是否有村干部	是	59	12.66
	否	407	87.34
种植面积	≤50 亩	328	70.39
	>50 亩	138	29.61
地形	平原	341	73.18
	非平原	125	26.82
是否参与合作社	是	151	32.40
	否	315	67.60

（3）水稻生产环节外包情况分析。稻农根据家庭收入最大化和效用最大化的目标，自主选择外包环节。由表 3-3 可以看出，整地环节和收割环节外包占比较高，分别达到 64.59%和 73.82%，其次是插秧环节，占比为 43.78%，外包较少的环节为病虫害防治环节和施肥环节，分别占比为 35.41%和 27.90%。在不同环节外包组合中，以“防治+”和“施肥+”形式进行环节外包的样本较少。

表 3-3　不同环节外包行为选择统计

	外包环节	样本量	占比/%
单一环节外包	整地环节	301	64.59
	插秧环节	204	43.78
	病虫害防治环节	165	35.41
	施肥环节	130	27.90
	收割环节	344	73.82
两个环节外包	整地、插秧环节	127	27.25
	整地、病虫害防治	106	22.75
	整地、施肥环节	48	10.30
	整地、收割环节	205	43.99
	插秧、病虫害防治环节	75	16.09
	插秧、施肥环节	66	14.16
	插秧、收割环节	164	35.19
	病虫害防治、施肥环节	34	7.30
	施肥、收割环节	127	27.25

续表 3-3

外包环节		样本量	占比/%
三个环节外包	整地、插秧、施肥环节	97	20.82
	整地、插秧、收割环节	96	20.6
	整地、病虫害防治、施肥	21	7.08
	整地、病虫害防治、收割	96	20.6
	整地、施肥、收割	45	9.66
	插秧、病虫害防治、施肥环节	23	4.94
	插秧、病虫害防治、收割环节	48	10.30
	病虫害防治、施肥、收割环节	33	7.08
四个环节外包	整地、插秧、病虫害防治、收割环节	31	6.65
	整地、插秧、病虫害防治、施肥环节	16	3.43
	插秧、病虫害防治、施肥、收割环节	23	4.94
所有环节外包	所有环节	16	3.43

从分省数据来看（图 3-10），各环节外包比例与整体相似，江苏省在整地、插秧、收割环节外包比例均高于其他省份，原因可能是江苏省第二、第三产业较为发达，经济条件相对较好，农户就地转移的非农机会较多，使其务农成本较高，在农业生产经营中更倾向于选择外包替代家庭短缺的劳动力。

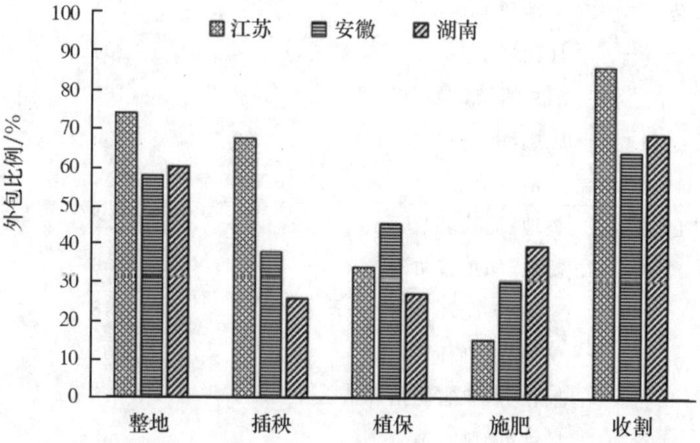

图 3-10　不同省份稻农生产环节外包情况分析

（4）家庭禀赋与农业生产环节外包行为。农业生产环节外包行为是农户根据家庭禀赋优势综合考虑的结果。家庭资源禀赋将直接影响农户外包行为决策。为此，我们从家庭劳动力年龄结构和数量两个方面，描述分析家庭禀赋与生产环节服务外包的关系。

图 3-11 中，样本农户年龄结构以 55.64 为均数，其中江苏省农业生产决策者平均年龄高达 58.31 岁；安徽省样本农业生产决策者年龄为 53.45 岁，湖南省农业生产决策者年龄为 54.74 岁，说明务农劳动力老龄化问题较为严重。从调查结果看，我们以 65 岁作为划分农业生产决策者老龄化程度的分界，并统计描述了分析不同老龄化程度下农业生产环节外包行为的差异性。由图 3-11 可知，在整地和收割环节，老龄组和年轻组外包比例相差不大，而在插秧环节和施肥环节，两组之间的差异较大，老龄组更倾向于外包，且外包程度较高。而在植保环节，老龄组环节外包比例低于年轻组。

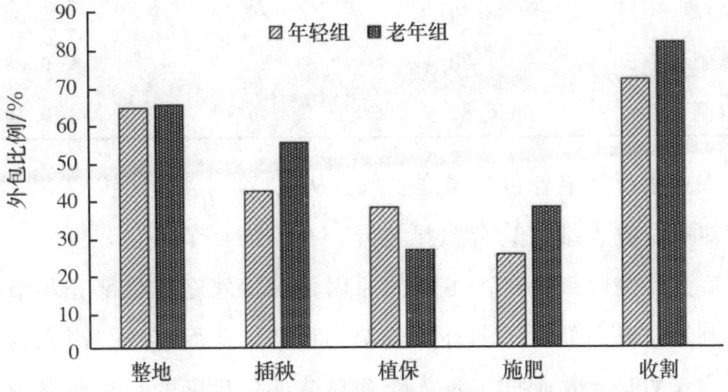

图 3-11　年龄结构与环节外包服务比例

（5）农业生产条件与农业生产环节外包行为。表 3-4 列出了不同规模农户购买生产环节外包服务的情况。规模经营主体和小农户并存是当前以及未来一段时期内我国农业生产的主要特征（刘大鹏等，2020）。为定量比较不同规模农户的环节外包服务是否存在差异，按照国家统计局对不同类型农户的划分标准，土地经营面积 50 亩以下为小农户，经营面积 50 亩及以上为规模户。两类农户在整地、插秧、施肥、收割环节外包存在显著差异，其中，小农户在整地环节和收割环节外包比例高于规模户，可能原因是，规模户面临的资金刚性约束较弱，为获得规模经济优势和保证环节作业顺利完成，倾向于选择自购农业机械代替购买外包服务，同时还可能为其他农户提供外包服务，获得服务经营收益。在插秧环节和施肥环节，规模户环节外包比例高于小农户，原因可能是规模户土地经营规模较大，面临的劳动力约束较强，插秧和施肥环节不仅费时费力，还具有一定的技术要求，规模户倾向于将这些环节外包，以规避经营风险和降低劳动力成本。归根结底，这也与两者外包的内在动因不同，对于规模户而言，外包的直接动因是弥补家庭农业劳动力不足或农业技能短缺问题，而小农户外包的动因则在于释放农业劳动力，分配到劳动回报更高的其他产业，获得相应的工资性收入。

表 3-4　不同规模农户的农业生产环节外包购买情况

环节	小农户/%	规模户/%	t 值
整地	70.40	50.70	0.197***
插秧	25.60	58.70	−0.331***
植保	28.70	26.10	0.026
施肥	41.20	50.00	−0.088*
收割	76.80	66.70	0.102**

（6）农业生产环节外包与家庭收入。从表 3-5 中数据可以看出，不同环节外包程度对家庭收入结构具有明显差异，在不同环节外包程度中，外包 3 个环节的家庭人均纯收入最高，可能的原因是农户家庭选择部分环节外包能够同时充分利用家庭内部资源和外部资源的优势，从而有效提高家庭人均纯收入。值得注意的是，农业打工收入随着环节外包程度的增加而呈现下降的趋势，可能的原因是随着农户外包环节次数的增加，农户会将劳动力优先配置到收益相对较高的非农就业活动中，由于个人劳动时间是一定的，非农就业时间的增加可能会减少其他劳动时间，从而减少其他类型的收入。

表 3-5　农业生产环节外包与家庭收入结构统计　　万元/年

环节外包/个	家庭人均纯收入	稻作农业收入	非稻作农业收入	非农就业收入	农业打工收入
1	1.39	0.35	0.16	0.70	0.18
2	1.25	0.40	0.23	0.48	0.15
3	1.57	0.55	0.24	0.64	0.14
4	1.31	0.33	0.15	0.76	0.07
5	1.36	0.55	0.32	0.39	0.11

本章小结

本章利用收集到的农业生产环节外包统计资料和相关文献，从时序维度就全国层面农业生产环节外包服务的发展历程进行回顾与梳理，厘清各阶段农业生产环节外包的演化特征；利用微观调研数据对农业生产经营主体的环节外包行为特征进行描述性统计分析，以掌握现阶段长江流域水稻种植户的农业生产环节外包情况。

第四章

农业生产环节外包行为的影响因素[①]

引言：虽然政府相继出台多项政策鼓励和支持农户的生产环节外包行为，但不同环节外包发展水平存在较大差异。哪些因素影响农业生产环节外包行为？这些影响因素的内在逻辑结构又如何？又以何种次序先后作用于农业生产环节外包？此外，在当前农户明显分化的背景下，不同类型农户的农业生产环节外包行为有何不同？这些问题的有效解答对推进农业生产性服务的健康持续发展具有重要意义。

① 本章内容在投稿中。

在第三章的基础上，本章将基于调研数据详细探讨稻农生产环节外包行为。虽然政府相继出台多项政策鼓励和支持农户的生产环节外包行为，但不同环节外包发展水平存在较大差异（刘家成等，2019c）。那么哪些因素影响稻农生产环节外包行为？这些影响因素的内在逻辑结构又如何？又以何种次序先后作用于农业生产环节外包？此外，在当前农户明显分化的背景下，不同类型农户的农业生产环节外包行为有何不同？这些问题的有效解答对推进农业生产性服务的健康持续发展具有重要意义。

现有文献多从非农就业、农地确权和家庭禀赋等方面分析其对农业生产环节外包行为的影响，主要存在以下两方面的不足：第一，目前研究仅仅探讨农户生产环节外包行为的影响因素，而缺乏对影响因素之间深层次逻辑关系的分析；第二，现有研究较少关注农户内部群体差异对不同类型农业生产环节外包行为的影响。

综上所述，本章基于微观调研数据，详细探究稻农生产环节外包行为的影响因素。主要包括以下几方面的内容：首先，运用 Probit 模型探讨稻农在劳动密集型环节和技术密集环节外包的影响因素，运用 ISM 模型分析影响因素之间的关联关系和层次结构，从而探究不同类型生产环节外包的表层因素、中间因素以及深层因素；其次，考虑到当前农户分化趋势明显，按照第二章的分析框架，将农户类型划分为规模户、高兼业户和低兼业户，尝试解释不同类型农户农业生产环节外包行为的选择差异；最后，运用 Mvprobit 模型和 Poisson 模型分析农户单环节外包以及外包程度的差异。

第一节 模型设定与变量说明

1. 模型设定

（1）Probit 模型。作为微观农业生产经营主体，农户在既定约束条件下会选择能够实现自身效用最大化的目标方案。在本章中，农户选择结果为自己作业或服务外包，是一个二元选择变量。因此采用二元 Probit 模型进行分析并构建如下模型：

$$Prob(y_i = 1) = a + \beta_{1i} FC_i + \beta_{2i} HC_i + \beta_{3i} EC_i + \beta_{4i} OC_i + \delta D + \varepsilon_i \tag{4-1}$$

在现有文献研究基础上，将控制变量分为家庭特征变量（FC_i）、农业生产决策者变量（HC_i）、资源禀赋特征变量（EC_i）、外部环境变量（OC_i）以及地域虚拟变量 D；β_{1i}、β_{2i}、β_{3i}、β_{4i}、δ 表示模型估计参数。

（2）ISM 模型。ISM 方法的原理在于利用系统因素之间已知的零乱关系，揭示系统内部结构和层次，识别系统的关键因素以及研究各因素之间的层次结构（江激宇等，2016）。

首先，利用 Probit 模型识别出农业生产环节外包影响因素有 k 个，用S_i（i=1，2，…，k）表示这些影响因素，并根据式（4-2）定义邻接矩阵 $\boldsymbol{R}$ 中的元素r_{ij}：

$$r_{ij} = \begin{cases} 1, S_i \text{ 对} S_j \text{ 有影响} \\ 0, S_i \text{ 对} S_j \text{ 无影响} \end{cases} \qquad i、j = 1, 2, \cdots, k \tag{4-2}$$

通过邻接矩阵 $\boldsymbol{R}$ 及式（4-3）计算出可达矩阵 $\boldsymbol{M}$：

$$\boldsymbol{M} = (\boldsymbol{R}+\boldsymbol{I})^{\lambda+1} = (\boldsymbol{R}+\boldsymbol{I})^{\lambda} \neq (\boldsymbol{R}+\boldsymbol{I})^{\lambda-1} \neq \cdots \neq (\boldsymbol{R}+\boldsymbol{I}) \tag{4-3}$$

其中，$2 \leqslant \lambda \leqslant k$，$\boldsymbol{I}$ 为单位矩阵，矩阵的幂运算采用布尔运算法则。

接下来，利用式（4-4），确定最高层到最底层各层所包含的因素：

$$L = \{S_i \mid P(S_i) \cap Q(S_i) = P(S_i)\} \tag{4-4}$$

式（4-4）中，$P(S_i)$ 和 $Q(S_i)$ 分别代表可达矩阵 $\boldsymbol{M}$ 中要素S_i对应的一行中包含有“1”的矩阵元素所对应的列要素集合和行要素集合。

（3）Mvprobit 模型。正如前文所述，农户可能同时在多个环节进行外包，且这些外包行为之间存在一定联系，因此，本研究在分析单环节外包行为时，选用 Mvprobit 模型进行分析，以提高估计结果的准确度，模型的表达形式如下：

$$y_i^* = \beta_i x + \mu_i$$

$$y_i = \begin{cases} 1, \text{如果} y_i^* > 0 \\ 0, \text{如果} y_i^* \leqslant 0 \end{cases} \tag{4-5}$$

式（4-5）中，i 表示整地、插秧、病虫害防治、施肥、收割 5 个生产环节；y_i^* 表示不可观测的潜变量，y_i 是最终结果变量，如果 $y_i^* > 0$，则 $y_i = 1$，表示农户将生产环节进行外包；x 为解释变量；β_i 为相应的估计系数；μ_i 为随机扰动项。

(4) Poisson 模型。为深入探讨稻农生产环节外包程度的影响因素，进一步采用农业生产环节外包次数来表示农业生产环节外包程度。由于次数是一个非负的离散型随机变量，不符合普通最小二乘法中的正态分布假设，因此选用 Poisson 模型进行参数估计。

$$P(Y_i = y_i \mid x_i) = \frac{e^{-\lambda_i} \lambda_i^{y_i}}{y_i!}, (y_i = 0, 1, 2, \cdots, n) \tag{4-6}$$

$\lambda_i = E(Y_i \mid x_1, x_2, x_3, \cdots, x_n), x_i (i = 0, 1, 2, \cdots, n)$ 为影响农业生产环节外包次数的各种因素，选取的解释变量与上文一致，此处不再赘述。

2. 变量设定

(1) 被解释变量。为探究农户不同类型环节外包行为选择的差异化，分别选择劳动密集型环节外包和技术密集型环节外包作为因变量。其中劳动密集型环节外包变量表示为农户在整地和收割环节任一环节外包为 1，都没有外包为 0；技术密集型环节外包表示为农户在插秧、施肥和病虫害防治环节中任一环节外包为 1，都没有外包为 0。在进一步分析中，分别选用单环节是否外包和外包次数作为被解释变量。

(2) 解释变量。借鉴已有研究（王志刚等，2011；申红芳等，2015；陆岐楠等，2017；段培等，2017；王建英等，2018；刘家成和徐志刚，2021），本章将其他影响农户生产环节外包行为的因素归纳为以下 5 类 15 个变量，具体包括：

农业生产决策者个体特征：①年龄。目前，关于年龄对农业生产环节外包行为的影响尚不明确。部分研究认为年龄对农业生产环节外包行为产生正向影响，原因是随着年龄的增加，劳动者体力精力下降，购买外包服务是保证农业生产顺利完成的理性选择。但也有研究认为，年龄越大的农户获得非农就业的机会将会越少，农业收入成为其收入的主要来源，在自身具有一定劳动能力的情况下，为节省家庭农业成本支出，更倾向于自己作业，而减少购买外包服务。②受教育程度。受教育程度越高的农户，获得非农就业的能力和机会越高，越倾向于选择服务外包。③健康状况。农户生产决策者身体状况越好，越能够凭借自身劳动力完成环节作业，从而减少农业生产环节外包。④是否兼业。兼业农户因将劳动时间分配到非农生产中，导致农业劳动时间减少，从而更倾向于购买环节外包服务。⑤兼业地点。外地兼业和本地兼业对农业生产环节外包的影响可能存在差异，农户在兼业距离越远的地方，获得就业机会或面临的就业市场更加广阔（郭云南和姚洋，2013），家庭从业重心可能向非农产业转移，兼业距离近的农户在参与非农工作的同时，也能够利用闲余时间参与自家农业生产，从而倾向于减少环节外包。⑥风险偏好。农户风险偏好通过影响农户对外包作业质量的预期期望，而对农业生产环节外包行为产生影响。

家庭特征：①务农劳动力数。家庭务农劳动力越多，农户越能够利用家庭内部劳动力完成农事活动，购买生产环节外包服务的可能性越低。②家庭是否购买养老保险。养老保险直接作用于土地的养老保障功能，对传统的养老形成替代（张亚丽等，2019），变相增加了家庭收入水平，从而缓解了对农户购买生产环节外包服务的资金约束问题。③家庭收入水平。家庭收入水平反映农户的家庭经济实力，中等偏上家庭面临农业生产环节外包的资金约束问题较少，从而更有经济条件购买农业生产环节外包服务。④务工收入占比。务工收入占比一定程度上代表了家庭整体的从业重心。务工收入占比高的家庭可能面临较强的农业劳动力约束，从而倾向于购买环节外包服务。⑤村干部。有村干部的家庭社会资源丰富，务工机会较多，从而倾向于增加环节外包服务。

资源禀赋因素：①种植规模。水稻种植规模越大，需要的劳动力数量也越多，当家庭劳动力数量不足以应付农业生产时，将会增加农业生产外包服务。②土地细碎化。土地细碎化程度高会增加机械作业的难度，抬高外包服务价格，抑制农户生产环节外包行为。③家庭农业机械价值。农业机械的持有价值是农户农业生产资本的重要体现，机械持有量较多的水稻种植户可以通过自我服务完成环节作业并节约生产成本，从而减少外包服务需求。④土地地形。平坦地形便于开展农机作业，并节约了外包服务成本。⑤有无技术员指导。农技员指导能够帮助农户获得专业化的技术知识，但对农业生产环节外包行为具有不确定性。

环节特征变量：外包服务可以被视为一种服务商品，遵循供求价格的一般规律，即价格越高，农户购买的概率将越低。因此需要控制环节外包价格变量。

地区特征变量。不同地域间的农户生产行为可能存在差异，因此，引入地区虚拟变量控制地区间农户外包行为的差异。

第二节　数据来源与描述统计

（1）数据来源。本章数据来自课题组对长江流域 3 个水稻主产省稻农的问卷调查。详细说明见第一章，在此不再赘述。

（2）描述统计。从影响因素看，总体上，所调查样本的稻农平均年龄为 55.64 岁，其中年龄在 45～60 岁的稻农居多，所占比例为 59%；农业生产决策者的平均受教育程度为 2.60，介于小学和初中之间，说明稻农文化水平相对较低；42%的农业决策者会选择兼业。从家庭禀赋特征看，稻农家庭平均务农人数为 1.52 人；13%的家庭有村干部；超过一半的家庭会购买养老保险。从农地经营情况来看，平均种植面积为 71.04 亩，小农户和规模户并存是我国农地经营的基本面；水稻种植地块数量平均为 9.99 块，这也说明水稻种植土地细碎化相对严重；有 38%的农户参加过农业技术培训，受到农技员的指导。变量说明及统计描述分析如表 4-1 所示。

表 4-1　变量说明及统计描述分析

变量	变量定义、单位及说明	均值	标准差
被解释变量			
整地环节外包	整地环节是否外包：1＝是；0＝否	0.65	0.48
插秧环节外包	插秧环节是否外包：1＝是；0＝否	0.44	0.50
病虫害防治环节外包	病虫害防治环节是否外包：1＝是；0＝否	0.35	0.48
施肥环节是否外包	施肥环节是否外包：1＝是；0＝否	0.28	0.45
收割环节外包	收割环节是否外包：1＝是；0＝否	0.74	0.44
劳动密集型环节外包	整地、收割环节中任一环节外包：1＝是；0＝否	0.94	0.23

续表 4-1

变量	变量定义、单位及说明	均值	标准差
技术密集型环节外包	插秧、施肥、病虫害防治环节中任一环节外包：1＝是；0＝否	0.74	0.44
环节外包次数	整地、插秧、病虫害防治、施肥、收割等环节外包加总值	2.45	0.95
解释变量			
规模户	1＝是；0＝否①	0.30	0.46
低兼业户	1＝是；0＝否	0.09	0.28
高兼业户	1＝是；0＝否	0.62	0.49
农业生产决策者特征			
年龄	实际年龄：周岁	55.64	9.57
文化程度	1＝未上过学；2＝小学；3＝初中；4＝高中/中专/职高；5＝大专及以上	2.60	1.09
健康状况	自评健康状况：1＝好；2＝中；3＝差	1.17	0.42
是否兼业	过去一年是否从事非农工作：1＝是；0＝否	0.42	0.49
兼业地点	兼业工作地点：0＝本县；1＝外县	0.18	0.38
风险偏好	对于新品种、新技术的态度：1＝乐于最先尝试；2＝看别人用的结果再决定；3＝不尝试	1.50	0.68
家庭特征			
家庭务农人数	家庭务农劳动力数量	1.52	0.67
养老保险	是否购买养老保险：1＝是；0＝否	0.51	0.50
家庭收入水平	在本村属于什么水平？1＝偏下；2＝一般；3＝偏上	2.14	0.51
务工收入占比	务工收入占家庭总收入的比重	0.61	0.33
村干部	是否有村干部：1＝是；0＝否	0.13	0.33
资源禀赋特征			
种植面积	水稻种植面积（亩）	71.04	126.57
农业机械	家庭拥有的农业机械价值家 1 后取对数	3.40	4.94
土地细碎化	地块数（块）	9.99	22.47
土地地形	1＝平原；2＝丘陵；3＝山区	1.29	0.63
农技员指导	是否有农技员指导：1＝是；0＝否	0.38	0.49

① 具体分类见第二章。

续表 4-1

变量	变量定义、单位及说明	均值	标准差
环节特征			
整地环节价格	元/亩	71.80	23.63
插秧环节价格	元/亩	110.00	36.33
病虫害防治环节价格	元/亩	26.14	19.05
施肥环节价格	元/亩	44.24	12.06
收割环节价格	元/亩	80.53	19.85
地区特征			
安徽	安徽=1,其他=0	0.31	0.46
湖南	湖南=1,其他=0	0.32	0.47

第三节 实证结果与分析

1. 农业生产环节外包行为影响因素分析

在模型回归前，为排除多重共线性问题，需要进行方差膨胀因子（variance inflation fator，VIF）检验，结果计算出的 VIF 值介于 1.06～3.28，远小于临界值 10，说明各变量之间不存在严重的共线性问题。实证结果如表 4-2 所示，在分析不同环节外包行为影响因素时，还计算了影响因素的边际效应（dy/dx）。

在劳动密集型环节，当经营规模达到一定程度后，农户会倾向于自购机械设备完成环节作业；技术密集型环节对农业产出的影响较大，经营规模越大的农户，为保证农业生产不误农时和规避经营风险，更倾向于购买环节外包服务。这也在一定程度上说明，规模户是技术密集型环节外包服务的主要购买主体。随着农业适度规模经营的不断推进，技术密集型环节外包服务已成为推进农业现代化发展的重要支撑。

家庭收入水平对劳动密集型环节外包和技术密集型环节外包均具有显著的正向影响。不难理解，经济条件好的家庭面临的资金约束弱，能够保证农户外包服务由需求意愿向实际行为的顺利转化。家庭农业机械价值对劳动密集型环节外包产生显著负向影响。可能的原因是，外包的本质是用家庭外部要素对家庭内部要素的替代，有机械的家庭能够独立完成水稻生产的部分环节，从而减少环节外包。而农业机械对技术密集型环节外包产生正向影响的原因可能是，大部分家庭拥有的机械主要集中在整地和收割环节，而这些机械的拥有并不会减少技术密集型环节的外包，反而由于前期的农业机械化的标准化作业，后期更方便开展病虫害防治、施肥等技术密集型环节的机械化作业。

年龄对劳动密集型环节外包存在显著的负向影响，这与刘家成等（2019c）的研究结果相一致。原因可能是农业生产决策者年龄越大，获取非农就业的机会越少，农业收入成为其重要的收入来源，在其自身具备一定劳动能力的条件下，更倾向于自己作业，从而节约外包服务支出费用。家庭购买养老保险对劳动密集型环节外包有显著正向影响。养老保险增加了农户的经济保障，缓解了农户资本约束，提高了农户外包概率。农户风险偏好水平对劳动密集型环节外包服务具有显著的正向影响，即风险偏好低的农户更倾向于在劳动密集型环节购买外包服务。土地细碎化对技术密集型环节外包行为具有显著负向影响。土地细碎化程度越高，不仅会增加外包服务费用，同时也不便于机械作业的开展，从而抑制环节外包。有农技员指导会减少农户技术密集型环节外包。可能的原因是，有农技员指导的农户能够帮助农户获得专业化的技术知识，保证环节作业的高质量完成。

表 4-2　不同类型生产环节外包的影响因素分析

变量	劳动密集型环节		技术密集型环节	
	Coef.	dy/dx	Coef.	dy/dx
种植面积	−0.198*	−0.016*	0.311***	0.087***
	(0.113)	(0.010)	(0.095)	(0.025)
务工收入占比	−0.513	−0.043	−0.306	−0.085
	(0.440)	(0.036)	(0.325)	(0.091)
务农人数	0.102	0.008	−0.089	−0.025
	(0.201)	(0.017)	(0.117)	(0.033)
家庭收入水平	1.327***	0.110***	0.382***	0.106***
	(0.281)	(0.026)	(0.133)	(0.036)
风险偏好	0.288*	0.024*	−0.085	−0.024
	(0.162)	(0.014)	(0.101)	(0.028)

续表 4-2

变量	劳动密集型环节		技术密集型环节	
	Coef.	dy/dx	Coef.	dy/dx
年龄	−0.033**	−0.003**	0.011	0.003
	(0.014)	(0.001)	(0.009)	(0.002)
文化程度	−0.292***	−0.024**	−0.017	−0.005
	(0.111)	(0.010)	(0.069)	(0.019)
健康状况	−0.313	−0.026	−0.084	−0.023
	(0.264)	(0.022)	(0.158)	(0.044)
是否兼业	0.192	0.016	−0.008	−0.002
	(0.258)	(0.022)	(0.162)	(0.045)
兼业地点	−0.023	−0.002	0.268	0.075
	(0.374)	(0.031)	(0.223)	(0.062)
农业机械	−0.075***	−0.006***	0.031**	0.009**
	(0.027)	(0.002)	(0.015)	(0.004)
土地细碎化	0.001	0.000	−0.012***	−0.003***
	(0.005)	(0.000)	(0.003)	(0.001)
地形	−0.022	−0.002	0.001	0.000
	(0.157)	(0.013)	(0.115)	(0.032)
劳动密集型环节外包价格	0.010	0.001		
	(0.008)	(0.001)		
技术密集型环节外包价格			−0.010	−0.003
			(0.007)	(0.002)
农技员指导	0.228	0.019	−0.271*	−0.075*
	(0.255)	(0.021)	(0.160)	(0.044)
养老保险	0.410*	0.034*	−0.045	−0.012
	(0.213)	(0.018)	(0.138)	(0.038)
村干部	0.288	0.024	−0.048	−0.013
	(0.329)	(0.028)	(0.210)	(0.058)
地区变量	控制	控制	控制	控制
常数项	1.842		−0.365	
	(1.544)		(0.963)	

注：括号内的数值为标准误；*、**、*** 分别表示在 10%、5%、1%水平上显著。

2. 农业生产环节外包行为影响因素的层次结构分解

为厘清影响不同类型农业生产环节外包行为的层次结构，进一步采用ISM模型探究各影响因素间的逻辑结构及相互作用关系，并构建层次结构图。

（1）劳动密集型环节外包影响因素的层次结构分解。根据上述劳动密集型环节外包关键影响因素的分析结果，给出如下设定：S_0代表被解释变量，即农户劳动密集型环节外包行为，S_1、S_2、S_3、S_4、S_5、S_6、S_7分别代表年龄、受教育程度、家庭收入水平、农用机械价值、养老保险、风险偏好和种植面积。同时，采纳德尔菲法分析各影响因素间的逻辑关系，构建一个邻接矩阵为R_{ij}为：

$$
\boldsymbol{R}_{ij}=\begin{array}{c}
\\ S_0 \\ S_1 \\ S_2 \\ S_3 \\ S_4 \\ S_5 \\ S_6 \\ S_7
\end{array}
\begin{array}{c}
\begin{array}{cccccccc} S_0 & S_1 & S_2 & S_3 & S_4 & S_5 & S_6 & S_7 \end{array} \\
\left\{\begin{array}{cccccccc}
0 & 0 & 0 & 0 & 0 & 0 & 0 & 0 \\
1 & 0 & 0 & 1 & 1 & 0 & 1 & 1 \\
1 & 0 & 0 & 1 & 0 & 0 & 1 & 1 \\
1 & 0 & 0 & 0 & 1 & 0 & 1 & 1 \\
1 & 0 & 0 & 1 & 0 & 0 & 0 & 0 \\
1 & 0 & 0 & 0 & 0 & 0 & 0 & 0 \\
1 & 0 & 0 & 1 & 0 & 0 & 0 & 0 \\
1 & 0 & 0 & 1 & 0 & 0 & 0 & 0
\end{array}\right\}
\end{array}
$$

由邻接矩阵$\boldsymbol{R}_{ij}$，采纳布尔代数运算法则，运用 Matlab2016a 软件计算出可达矩阵$\boldsymbol{M}_{ij}$为：

$$
\boldsymbol{M}_{ij}=\begin{array}{c}
\\ S_0 \\ S_1 \\ S_2 \\ S_3 \\ S_4 \\ S_5 \\ S_6 \\ S_7
\end{array}
\begin{array}{c}
\begin{array}{cccccccc} S_0 & S_1 & S_2 & S_3 & S_4 & S_5 & S_6 & S_7 \end{array} \\
\left\{\begin{array}{cccccccc}
1 & 0 & 0 & 0 & 0 & 0 & 0 & 0 \\
1 & 1 & 0 & 1 & 1 & 0 & 1 & 1 \\
1 & 0 & 1 & 1 & 0 & 0 & 1 & 1 \\
1 & 0 & 0 & 1 & 1 & 0 & 1 & 1 \\
1 & 0 & 0 & 1 & 1 & 0 & 0 & 0 \\
1 & 0 & 0 & 0 & 0 & 1 & 0 & 0 \\
1 & 0 & 0 & 1 & 0 & 0 & 1 & 0 \\
1 & 0 & 0 & 1 & 0 & 0 & 0 & 1
\end{array}\right\}
\end{array}
$$

根据公式计算可达集合、可行集合及其交集表。由表4-3可知，确定最高层因素为S_0（$L_1=[S_0]$），第二层因素为S_3、S_5、（$L_2=[S_3, S_5]$），第三层因素为S_4、S_6（$L_3=[S_4, S_6, S_7]$），第四层因素为S_1、S_2（$L_4=[S_1, S_2]$）。最后，按照层级顺序，把同一层级的因素分布在同一水平位置，即可得到农业生产环节外包行为影响的层次结构（图 4-1）。

表 4-3　第一层因素确定

变量	$P(S_i)$	$Q(S_i)$	$P(S_i)\cap Q(S_i)$
S_0	0	0，1，2，3，4，5，6，7	0
S_1	0，1，3，4，6，7	1	1
S_2	0，2，3，6，7	2	2
S_3	0，3，4，6，7	1，2，3，4，6，7	3，4，6，7
S_4	0，3，4	1，3，4	3，4
S_5	0，5	5	5
S_6	0，3，6	1，2，3，6	3，6
S_7	0，3，7	1，2，3，7	3，7

表 4-4　第二层因素确定

变量	$P(S_i)$	$Q(S_i)$	$P(S_i)\cap Q(S_i)$
S_1	1，3，4，6，7	1	1
S_2	2，3，6，7	2	2
S_3	3，4，6，7	1，2，3，4，6，7	3，4，6，7
S_4	3，4	1，3，4	3，4
S_5	5	5	5
S_6	3，6	1，2，3，6	3，6
S_7	3，7	1，2，3，7	3，7

表 4-5　第三层因素确定

变量	$P(S_i)$	$Q(S_i)$	$P(S_i)\cap Q(S_i)$
S_1	1，4，6，7	1	1
S_2	2，6，7	2	2
S_4	4	1，4	4
S_6	6	1，2，6	6
S_7	7	1，2，7	7

表 4-6 第四层因素确定

变量	$P(S_i)$	$Q(S_i)$	$P(S_i)\cap Q(S_i)$
S_1	1	1	1
S_2	2	2	2

劳动密集型生产环节外包行为的深层次影响因素为年龄和受教育程度，中间层次影响因素为农业机械、风险偏好和种植面积，直接因素为家庭收入和养老保险。

同时，进一步可将这些行为影响因素归为一条路径和一个直接驱动因素。路径为：年龄、受教育程度→农业机械、种植面积、风险偏好→家庭收入水平→劳动密集型环节外包。在该路径中，年龄和受教育程度是家庭人力资本的重要体现，其作为根源性因素影响农户经营管理水平，进而影响农户风险偏好和农业生产经营能力，做出土地经营决策和农机固定资产投资决策行为，从而影响家庭收入，最终影响农户劳动密集型生产环节外包行为。养老保险是直接驱动因素。

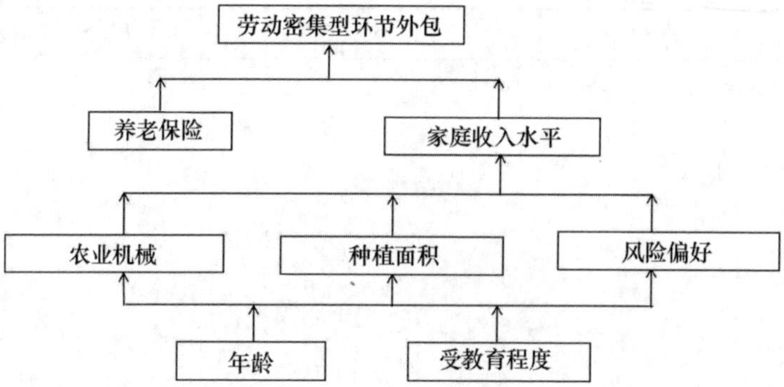

图 4-1 劳动密集型环节外包层次逻辑

（2）技术密集型环节外包影响因素的层次结构分解。以同样的方法，可得到农户技术密集型环节外包的关键影响因素之间的解释结构模型，如图 4-2 所示。

技术密集型生产环节外包行为的深层次影响因素为农业机械和种植面积，直接因素为家庭收入、土地细碎化和农技员指导。进一步把农户技术密集型环节外包行为影响因素归为一条路径和 2 个直接驱动因素。

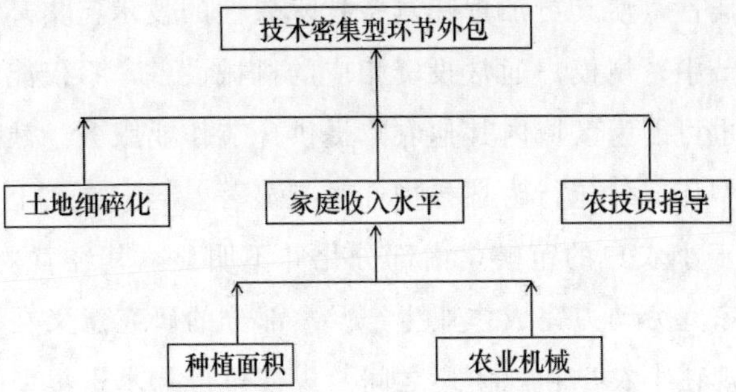

图 4-2　技术密集型环节外包层次逻辑

一条路径是农业机械、种植面积→家庭收入水平→技术密集型环节外包。在该路径中，农业机械和种植面积对家庭整体收入水平产生影响，家庭收入水平是技术密集环节外包由农户需求向实际行为转化的重要保障。两个直接驱动因素是土地细碎化和农技员指导。

结合上述模型回归结果分析可知，影响农业生产环节外包的多个因素既独立作用，又层层连接，共同形成一个完整的农业生产环节外包影响因素系统。同时，也可以发现，不同类型生产环节外包的影响因素和深层次逻辑并不相同。劳动密集型环节外包的根源性因素主要在于农户初始禀赋，而技术密集型环节外包的根源性因素为农业经营特征。种植面积、农业机械和家庭收入共同影响不同类型环节外包行为。

第四节　农户分化视角下农业生产环节外包行为的影响因素

资本、劳动力等初始禀赋各不相同的农户在环节外包服务选择中也表现出显著差异。按照第二章的理论分析，将农户类型划分为规模户、高兼业户和低兼业户，并引入模型分析不同类型农户的环节外包行为差异，结果见表4-7。不同类型农户对不同生产环节外包的选择偏向情况出现了变化，与高兼业户相比，规模户倾向于在劳动密集型环节减少外包，而更愿意在技术密集型环节购买外包服务，这与其自身禀赋特征紧密相关。规模户的高资本禀赋和高技术需求属性，使其更加青睐具备技术属性的技术密集环节服务。而在劳动密集型环节中，规模户通常投资相应的机械设备，不仅能够独立完成家庭作业，同时也可能为区域内其他农户提供环节作业服务。低兼业户与高兼业户在不同类型环节外包行为选择中并没有显著差异。事实上，低兼业户和高兼业户均属于小农户的范畴，内部分化并不明显，其经营规模相对较小，能够充分利用家庭劳动力完成作业生产。本部分的研究意义在于外包选择的差异性主要体现在小农户和规模户之间。规模户是技术密集型环节外包服务的主要主体，在推进技术密集环节外包服务的相关政策中应注重农户不同层次的服务需求。这也验证了本研究的假说2-2。其他控制变量显著情况与上文基本一致，在此不再赘述。

表4-7　不同类型农户农业生产环节外包影响因素分析

变量	劳动密集型环节		技术密集型环节	
	Coef.	dy/dx	Coef.	dy/dx
规模户	−0.512**	−0.042*	0.815***	0.235***
	(0.254)	(0.022)	(0.204)	(0.056)
低兼业户	0.046	0.004	−0.076	−0.022
	(0.474)	(0.039)	(0.220)	(0.063)
务农人数	0.148	0.012	−0.067	−0.019
	(0.200)	(0.017)	(0.118)	(0.034)
家庭收入水平	1.323***	0.108***	0.365***	0.105***
	(0.287)	(0.026)	(0.132)	(0.037)
风险偏好	0.297*	0.024*	−0.076	−0.022
	(0.169)	(0.014)	(0.100)	(0.029)
年龄	−0.034**	−0.003**	0.008	0.002
	(0.014)	(0.001)	(0.008)	(0.002)
文化程度	−0.295***	−0.024**	−0.008	−0.002
	(0.114)	(0.010)	(0.068)	(0.019)
健康状况	−0.308	−0.025	−0.110	−0.032
	(0.263)	(0.022)	(0.162)	(0.047)
农业决策者兼业	0.210	0.017	−0.020	−0.006
	(0.260)	(0.022)	(0.162)	(0.047)

续表 4-7

变量	劳动密集型环节		技术密集型环节	
	Coef.	dy/dx	Coef.	dy/dx
兼业地点	−0.052	−0.004	0.314	0.090
	(0.375)	(0.031)	(0.221)	(0.063)
农用机械价值	−0.072***	−0.006***	0.034**	0.010**
	(0.027)	(0.002)	(0.015)	(0.004)
土地细碎化	0.002	0.000	−0.009***	−0.003***
	(0.005)	(0.000)	(0.003)	(0.001)
地形	−0.001	0.000	0.008	0.002
	(0.156)	(0.013)	(0.114)	(0.033)
劳动密集型环节外包价格	0.010	0.001		
	(0.008)	(0.001)		
技术密集型环节外包价格			−0.011*	−0.003*
			(0.007)	(0.002)
是否有技术指导	0.225	0.018	−0.213	−0.061
	(0.260)	(0.021)	(0.154)	(0.044)
养老保险	0.402*	0.033*	−0.054	−0.015
	(0.215)	(0.018)	(0.136)	(0.039)
村干部	0.208	0.017	−0.022	−0.006
	(0.328)	(0.027)	(0.204)	(0.059)
地区变量	控制	控制	控制	控制
常数项	1.106		0.356	
	(1.295)		(0.804)	

注：括号内的数值为标准误；*、**、*** 分别表示在10%、5%、1%水平上显著。

第五节　进一步分析：农业生产环节外包程度影响因素的实证分析

为进一步检验上述结果的稳健性，从单个环节和环节外包程度的角度对不同类型农户生产环节外包行为差异进行分析。在单环节外包分析中，使用

Mvprobit 模型进行分析估计；环节外包程度使用稻农生产环节外包次数来表示，使用 Poisson 回归模型进行估计，结果见表 4-8。

表 4-8 农业生产环节外包程度的影响分析

变量	(1)	(2)	(3)	(4)	(5)	(6)
	整地	插秧	病虫害防治	施肥	收割	次数
规模户	−0.551***	0.363**	1.111***	0.180	−0.150	0.115***
	(0.163)	(0.174)	(0.177)	(0.175)	(0.174)	(0.037)
低兼业户	0.019	−0.172	−0.156	0.160	0.433*	0.048
	(0.232)	(0.228)	(0.251)	(0.228)	(0.260)	(0.049)
务农人数	−0.035	−0.143	−0.295**	0.165	0.345***	0.012
	(0.110)	(0.118)	(0.121)	(0.115)	(0.109)	(0.029)
家庭收入水平	0.583***	0.421***	0.636***	0.799***	0.504***	0.339***
	(0.135)	(0.133)	(0.136)	(0.137)	(0.139)	(0.035)
风险偏好	0.243**	−0.222**	−0.342***	−0.139	0.000	−0.052**
	(0.097)	(0.096)	(0.103)	(0.100)	(0.097)	(0.021)
年龄	−0.028***	0.020**	−0.007	0.019**	0.007	0.001
	(0.008)	(0.008)	(0.008)	(0.008)	(0.008)	(0.002)
文化程度	−0.130**	0.123*	−0.021	−0.081	−0.002	−0.014
	(0.066)	(0.067)	(0.066)	(0.067)	(0.066)	(0.016)
健康状况	0.121	−0.477***	−0.013	0.040	−0.177	−0.046
	(0.166)	(0.177)	(0.159)	(0.163)	(0.169)	(0.037)
农业决策者兼业	0.180	−0.387**	0.355**	−0.237	−0.284*	−0.053
	(0.159)	(0.163)	(0.161)	(0.165)	(0.155)	(0.036)
兼业地点	−0.190	0.651***	−0.486**	0.332	0.392*	0.083*
	(0.203)	(0.209)	(0.211)	(0.211)	(0.205)	(0.043)
农用机械价值	−0.056***	0.018	0.005	0.009	−0.005	−0.004
	(0.014)	(0.015)	(0.015)	(0.015)	(0.015)	(0.003)
土地细碎化	0.004	−0.005	−0.007	0.000	−0.006*	−0.002*
	(0.003)	(0.004)	(0.004)	(0.004)	(0.003)	(0.001)
地形	0.152	0.066	−0.137	−0.014	−0.083	0.012
	(0.105)	(0.107)	(0.114)	(0.106)	(0.105)	(0.023)
是否有技术指导	−0.039	−0.230	−0.178	−0.173	0.366**	−0.033
	(0.143)	(0.146)	(0.151)	(0.153)	(0.153)	(0.031)

续表 4-8

变量	(1) 整地	(2) 插秧	(3) 病虫害防治	(4) 施肥	(5) 收割	(6) 次数
养老保险	0.252*	−0.042	−0.056	−0.190	−0.043	−0.007
	(0.131)	(0.132)	(0.134)	(0.135)	(0.133)	(0.030)
村干部	0.222	0.173	0.317	−0.594**	−0.340*	0.025
	(0.204)	(0.199)	(0.207)	(0.243)	(0.203)	(0.048)
整地外包价格	−0.001					
	(0.003)					
插秧外包价格		−0.009***				
		(0.003)				
防治外包价格			−0.012**			
			(0.005)			
施肥外包价格				0.010		
				(0.006)		
收割外包价格					0.000	
					(0.004)	
外包平均价格						−0.004**
						(0.002)
地区变量	控制	控制	控制	控制	控制	控制
常数项	0.936	−0.317	−0.090	−3.822***	−0.616	0.588***
	(0.664)	(0.714)	(0.681)	(0.719)	(0.689)	(0.185)
atrho21	−0.223***	(0.084)				
atrho31	0.071	(0.082)				
atrho41	−0.779***	(0.111)				
atrho51	−0.469***	(0.088)				
atrho32	−0.057	(0.083)				
atrho42	0.173**	(0.086)				
atrho52	0.119	(0.082)				
atrho43	−0.287***	(0.090)				
atrho53	−0.594***	(0.098)				
atrho54	0.732***	(0.107)				

注:①Wald chi2(10) 值为 185.297 ($p=0.000$)，各组方程间的误差项相关系数大部分都通过了10% 统计水平的显著性检验，这也说明 Mvprobit 模型的选用是合适的。

②括号内的数值为标准误；*、**、***分别表示在10%、5%、1%水平上显著。

在劳动密集型环节中，与高兼业户相比，规模户会减少在整地环节购买外包服务，而在收割环节外包没有显著差异。可能的原因是，一方面相对收割机械而言，整地机械价格相对便宜，规模户能够独立投资持有，而收割机相对昂贵，购买后容易增加农业固定成本和沉没成本；另一方面，整地环节的作业时期相对较长，没有严格的时间期限。而在收割环节，规模户和高兼业户都面临同样的时间约束，需要在短时期内快速完成当季的收割作业和下一季的播种作业。因此，两类农户之间在收割环节外包中没有显著差异。

在技术密集型环节中，规模户会倾向于购买病虫害防治外包服务和插秧外包服务，而在施肥环节，与高兼业户没有显著差异。原因可能是，一般而言，病虫害的暴发具有集中性和突发性特点，需要在短时期内对大面积的稻田进行防治，单凭农户个体力量完成大面积的消杀作业具有一定难度，且不能保证作业质量。而专业化的外包服务组织凭借先进的技术设备和专业化知识，能够在短时期内实施精准施药，有效解决规模户大面积的病虫害问题，保证农业生产的顺利进行。秧苗栽插时间将直接影响作物的生长进程和产量，也需要在短时间内完成环节作业。

在 Poisson 回归中，与高兼业户相比，规模户购买环节外包服务的次数更多，而这些环节主要表现在技术密集型环节。因此政策推行应循序渐进，针对不同主体制定相应的政策。低兼业户与高兼业户没有显著差异，可能的原因是，无论是高兼业户还是低兼业户，都属于小农户经营的范畴，其生产决策行为与规模户差异较大，而内部的外包行为决策差异较小。

本章小结

本部分基于微观调研数据，重点探讨农户农业生产环节外包行为的影响因素。发现不同类型生产环节外包的影响因素和深层次逻辑并不相同。劳动密集型环节外包的根源性因素主要在于农户初始禀赋，而技术密集型环节外包的根源性因素为农业经营特征；因家庭初始资源禀赋的不同，不同规模或不同兼业程度的农户的环节外包行为表现出很大差异。

第五章

农业生产环节外包对农业生产技术效率的影响[①]

引言：近年来，我国农业生产环节外包服务的迅速发展，为农户家庭突破自有资源禀赋约束提供了可能。外包服务不仅缓解了农业经营过程中的劳动力约束、技术约束和资金约束，同时也将先进技术引入农业生产过程，改善了农业积累和发展能力，提高了资源配置效率。然而，值得注意的是，农业生产环节外包服务的本质是委托代理关系，农业自然属性引发的监督难题容易导致服务供给主体做出损人利己的机会主义行为，进而影响农业生产技术效率。农业生产环节外包能否提升农业生产效率，目前仍缺乏充足的证据，还有待进一步深入挖掘。

① 本章内容在投稿中。

在明确农户环节外包行为的影响因素后，接下来的两章将进一步对农业生产环节外包行为的绩效进行评估。其中，技术效率和收入是绩效评估的重要衡量指标。本章将从农业生产技术效率的角度讨论生产环节外包行为的绩效。

改革开放以来，农村劳动力向非农部门持续转移，一度为我国工业化发展和城市化建设做出了巨大贡献，但也直接带来农业劳动力素质下降以及化肥、农药等要素过量投入等问题，这不仅阻滞农业生产力的稳定提高，而且威胁农产品质量安全和农业的可持续发展，掣肘着传统农业向现代农业的转型升级。技术进步是推进农业现代化发展的源泉。但在短期内，技术进步空间很难有质的飞跃。因此，如何优化配置现有农业资源是推进农业现代化发展的重要突破口。

近年来，我国农业生产环节外包服务的迅速发展，为农户家庭突破自有资源禀赋约束提供了可能。外包服务不仅缓解了农业经营过程中的劳动力约束、技术约束和资金约束，同时也将先进技术引入农业生产过程，改善了农业积累和发展能力，提高了资源配置效率。然而，值得注意的是，农业生产环节外包服务的本质是委托代理关系，农业自然属性引发的监督难题容易导致服务供给主体做出损人利己的机会主义行为，进而影响农业生产技术效率。现实条件下，追求规模效益的服务组织与掌握自主经营权的分散小农对接时产生的交易成本高、服务质量难以保证以及服务双方信息不对称等问题（张永强和田媛，2021），导致农业生产环节外包对农业生产技术效率的提升作用有限。

通过文献梳理发现，关于农业生产环节外包对农业生产技术效率的影响，已有文献从理论探讨和实证研究方面均做了有益探索，但仍存在以下不足：第一，二者之间的内生性问题较少讨论；第二，已有研究多是从整体考虑二者之间的关系，而忽视了个体农户禀赋差异性的存在，可能导致二者之间的关系不能一概而论；第三，现有研究针对农业生产环节外包影响农业生产技术效率的作用机制鲜少探讨。鉴于此，本章重点关注三个问题：①农业生产环节外包是否能够提升农业生产技术效率。②如果能，那么农业生产环节外包的增效通过何种机制实现。③考虑到农业生产环节外包的异质性以及农业生产条件的不同，进一步明确何种环节外包有利于农业提质增效？以及环节外包的增效作用在哪类生产条件中更显著？

第一节　模型构建与研究方法

1. 水稻生产技术效率的测算

技术效率并非是衡量农业收入水平或产出水平的单一指标，而是从投入、产出的角度反映个体在现有资源及技术条件下，对生产要素的利用和配置效率的测量，是衡量微观生产经营主体管理水平的重要指标之一。与其他效率指标相比，技术效率能够综合反映水稻生产的要素配置情况。参数型的随机前沿分析（SFA）和非参数型的数据包络分析（DEA）是计算技术效率的常见方法。这两类方法中，DEA 缺乏相应的经济理论基础，而 SFA 形式比较灵活，能够规避这一缺陷并能估计生产函数与效率损失方程。而且学界也普遍认为随机前沿分析的拟合程度和准确度都优于数据包络分析（蔡荣等，2019），其基本函数形式为：

$$Y_i = f(X_i, \beta) \cdot \exp(V_i - U_i) \tag{5-1}$$

对公式两边取对数线性化，得到：

$$\ln Y_i = \ln f(X_i, \beta) + V_i - U_i \tag{5-2}$$

其中，下标 i 为农户。Y_i 是因变量，在本研究中代表水稻总产量；X_i 代表农业生产过程中的生产要素投入；β 为待估参数，V_i 为服从独立正态分布的随机变量，表示为 $V_i \sim N(0, \sigma_v^2)$；$U_i$ 为服从独立阶段正态分布的非负随机变量，表示为 $U_i \sim N^+(0, \sigma_u^2)$；鉴于随机前沿模型的误差项包含了两个不可观测的变量，违反了 OLS 中的基本假设，因此不能使用 OLS 方法进行估计。对此，Battese 等（1995）提出可采用极大似然估计方法对模型进行估计。

采用随机前沿生产函数需要确定具体的生产函数，柯布道格拉斯生产函数（C-D 函数）和超越对数生产函数（Translog 函数）是普遍常用的生产函数。与 C-D 函数相比，Translog 函数形式更具有灵活性和包容性。因此，本研究也选用超越对数形式的随机前沿生产函数来测度效率，模型的具体设定形式如下：

$$\ln Y_i = \beta_0 + \sum_i \beta_i \ln X_i + \frac{1}{2}\left(\sum_i \sum_j \beta_{ij} \ln X_i \ln X_j\right) + V_i - U_i \tag{5-3}$$

在式(5-3)中,当β_{ij}值为0时,上述函数将转换为C-D生产函数形式,即:

$$\ln Y_i = \beta_0 + \sum_i \beta_i \ln X_i + V_i - U_i \tag{5-4}$$

更为准确地,确认合适的模型形式时,可以使用最大似然比值检验法进行估计。检验的原假设H_0为"所有的β_{ij}估计值均等于0,此时应选择C-D生产函数进行估计";备择假设H_1为"至少有一个β_{ij}估计值不等于0,则选用Translog生产函数模型形式进行估计"。该检验法的检验统计量可表示为:

$$LR = -2\ln\left[\frac{L(H_0)}{L(H_1)}\right] = -2\{\ln[L(H_0)] - \ln[L(H_1)]\} \sim \chi^2(q) \tag{5-5}$$

式(5-5)中,$L(H_0)$和$L(H_1)$分别指随机前沿生产函数在原假设H_0和备择假设H_1下的对数似然函数值;q表示原假设中H_0零约束的个数。

假定技术效率项与各影响因素之间存在线性关系,即满足式(5-6):

$$TE_i = \delta_0 + \sum_{j=1}^{n} \delta_j z_{ji} + \varepsilon_i \tag{5-6}$$

式(5-6)中,z_{ji}表示技术效率项的影响因素,δ表示各因素的待估计系数,ε_i表示随机误差项。农户的生产技术效率介于0和1之间,属于典型的阶段分布,因此选择使用Tobit模型进行回归估计。

2.生产环节外包对水稻生产技术效率的影响

考虑到二者之间可能存在内生性问题,本研究选择合适的工具变量以进一步分析二者之间的内生性问题。具体设定如下:

$$TE_i = \gamma_0 + \delta_0 S_i + k_0 X_i + \varepsilon_0 \tag{5-7}$$

$$S_i = \gamma_1 + \delta_1 IV_i + k_1 X_i + \varepsilon_1 \tag{5-8}$$

$$TE_i = \gamma_2 + \delta_2 S_i + k_2 X_i + \varepsilon_2 \tag{5-9}$$

式(5-7)是基于Tobit模型估计,式(5-8)和式(5-9)是对式(5-7)的两阶段最小二乘法估计。其中,S表示核心解释变量——农业生产环节外包,该变量采用农业生产环节外包的次数来表示。IV表示工具变量,X表示其他影响水稻生产技术效率的变量,主要包括农业生产决策者特征变量、家庭农业生产特征变量、农地禀赋特征变量以及地区变量,γ_0、γ_1、γ_2、δ_0、δ_1、δ_2、k_0、k_1、k_2为待估参数,ε_0、ε_1、ε_2为随机干扰项。

第二节　变量设置与描述性统计分析

1. 变量设置

(1)被解释变量。本章利用随机前沿生产函数测算水稻生产技术效率。借鉴 Abdul-Rahaman 和 Abdulai(2018)、张永强和田媛(2021)等学者的研究,产出指标为水稻总产量,投入指标为水稻种植过程中的资本、劳动力和土地要素。

(2)核心解释变量。农业生产环节外包变量使用水稻种植户在整地、插秧、病虫害防治、施肥和收割环节外包的加总值来定义。

(3)控制变量。农业生产环节外包对水稻生产技术效率的影响并非独立的,还会受到其他因素的干扰。参考郭晓鸣和左喆瑜(2015)、张瑞娟和高鸣(2018)、杨丹丹和罗剑朝(2018)以及王克强等(2021)学者的相关研究,选取的控制变量为:

①农业生产决策者个人及其家庭特征因素。主要包括性别、年龄、受教育程度、家庭成员是否担任村干部、务农人数、家庭总人口数等。农业生产决策者个人及家庭成员特征直接决定着水稻种植的劳动力资源禀赋。具体来看,由于水稻种植属于高强度的体力劳动,男性比女性更具有生理优势,且男性决策者的风险偏好程度一般要高于女性,更注重对农业先进知识技术的采纳。因此,男性决策者的水稻种植技术效率可能高于女性;年龄是判断农户种植经验的重要变量(Abdulai 和 Huffman,2000)。部分研究认为农户年龄越大,农户种植经验越丰富,对水稻生产技术效率具有正向作用,但也有研究认为水稻生产既是经验劳动,也是体力劳动。年龄增加的同时也会带来体能下降和思想保守,从而对水稻生产技术效率产生负向影响。因此,农业决策者年龄对效率是否影响以及影响方向还有待进一步验证。受教育程度越高的农户在运用新技术等方面更具有优势,从而提升水稻生产技术效率(王善高等,2020)。家庭成员是否担任村干部意味着家庭拥有较高的社会资本,能够较早接触新技术和市场信息等,从而对农业经营产生影响;家庭务农人数是最重要的劳动力投入,家庭务农数量越多可能导致农业生产中劳动力的过度投入,从而不利于提升水稻整体的

生产技术效率；家庭总人口代表家庭人力资源储备情况（罗小娟，2019），人口越多的家庭能够实现劳动力资源在农业部门和非农部门的优化配置，从而提高生产技术效率。

②农业经营特征。主要包括种植面积、地块数量、地形、灌溉条件以及家庭农业机械等。土地质量和灌溉条件的好坏会直接影响水稻单位面积产量的高低；家庭拥有的农地资源越丰富，农户水稻生产技术效率将越高。一般认为，农地地块数量越多，代表土地细碎化程度越高，对水稻生产技术效率具有负向影响。地形平坦、土壤质量高、灌溉条件好的农地更有利于作物生长，对水稻生产技术效率具有正向作用。通常认为农户自有农业机械能够保证农业生产不误农时，确保水稻生产环节作业的及时性（黄祖辉等，2014），从而提高农业生产技术效率，但随着农业生产环节外包服务市场的发育成熟，即使不购置农机也能够通过购买外部服务来保证农业生产的顺利进行，因此，自有农机和技术效率之间的关系还有待检验。

③外部环境因素。主要包括是否参加合作社、是否有农技员指导以及所在村庄距离县城距离。合作社作为一种专业性制度安排，能够为社员农户提供价格优惠的农资、统一的技术管理服务等，有利于提高水稻生产技术效率（杨万江和李琪，2016）。水稻生产过程中有农技员指导，能够提高农业经营能力，从而提高水稻的生产技术效率；离县城越近的地区获得市场信息越方便，同时在道路、水、电等公共资源也较为丰富，从而有利于提高农业生产技术效率（曾雅婷等，2018）。

④地区特征变量。由于调研样本涉及湖南、安徽以及江苏 3 个省份，不同地区地理位置以及风俗习惯的不同，可能会影响水稻生产技术效率，因此本研究添加地区特征虚拟变量对此加以控制。

2. 描述性统计分析

（1）数据来源。本章数据来自课题组微观调研数据，在第一章中已具体介绍，在此不再赘述。

（2）主要变量描述性统计分析。表 5-1 中，稻农家庭决策者主要以男性为主，所调查样本的稻农平均年龄为 55.64 岁；农业生产决策者的平均受教育程度为 2.60，介于小学和初中之间，说明稻农文化水平相对较低；稻农家庭务农人数平均为 1.52 人，家庭务农人数在 1～2 人的占比为 94.85%，稻农家庭总人口平均数量为 4.23 人。从农地经营情况来看，水稻种植地块数量平均为 9.99 块，这也说明水稻种植土地细碎化相对严重；仅有 32%的农户参与合作社，可见，多数稻农并未通过合作社等组织的参加提高水稻种植的组织化程度；有 38%的农户参加过农业技术培训，受到农技员的指导；稻农所在村庄距离县城的平均距离为 21.96 公里。

表 5-1　各变量含义与描述性统计分析

变量	变量定义、单位及说明	均值	标准差
水稻生产技术效率	SFA 计算得出		
农业生产环节外包	整地、插秧、病虫害防治、施肥、收割等环节外包加总值	2.45	0.95
年龄	实际年龄：岁	55.64	9.57
受教育程度	1＝未上过学；2＝小学；3＝初中；4＝高中/中专/职高；5＝大专及以上	2.60	1.09
性别	1＝男；0＝女	0.95	0.22
家庭务农人数	家庭中务农劳动力数量	1.52	0.67
村干部	家庭有无村干部：1＝有；0＝否	0.13	0.33
家庭总人口	家庭总人口数量（人）	4.23	2.20
农业机械	家庭拥有的农业机械价值家 1 后取对数	3.40	4.94
种植面积	水稻实际种植面积	71.04	126.57
土地细碎化	地块数（块）	9.99	22.47
灌溉条件	1＝好；2＝一般；3＝差	1.52	0.66
土地地形	1＝平原；2＝丘陵；3＝山区	1.29	0.63
合作社	是否参加合作社：1＝是；0＝否	0.32	0.47
农技员指导	是否有农技员指导：1＝是；0＝否	0.38	0.49
所在村庄到县城距离	单位：公里	21.96	19.24
安徽	安徽＝1；其他＝0	0.31	0.46
湖南	湖南＝1；其他＝0	0.32	0.47

第三节 水稻生产技术效率测算结果及影响因素分析

1. 随机前沿生产函数模型设定形式检验

使用Frontier 4.1软件对稻农生产技术效率水平进行测算，为确保随机前沿模型设定形式的合理性，同时汇报了C-D生产函数估计结果。表5-2显示，Translog函数模型中，除了土地面积系数不显著外，其余变量均高度显著，说明Translog函数比C-D生产函数更适合反映水稻生产情况。此外，根据两个模型估计结果，经计算得到LR检验统计量为：

$$LR=(-2)\times(111.55-157.16)$$

$$91.22>\chi^2_{0.01}(6)=16.81 \tag{5-10}$$

从以上最大似然比值法的检验结果可知，在1%的水平下，LR统计量值为91.22大于其临界值16.81，C-D生产函数的原假设被拒绝，这也表明选取Translog函数更为合理。表5-2中γ值为0.896，且在1%的水平上显著，表明模型中有89.6%的误差来源于技术非效率项，10.4%来源于随机误差项，说明稻农生产经营过程中存在技术效率损失。

表5-2 生产函数估计结果

变量	Translog生产函数			C-D生产函数		
	系数	标准误	T值	系数	标准误	T值
资本对数值	1.691***	0.595	2.844	0.832***	0.023	35.578
劳动对数值	1.112***	0.293	3.800	0.008	0.015	0.510
土地对数值	−0.373	0.516	−0.724	0.213***	0.021	10.113
资本对数值平方项	0.113**	0.057	1.990			
资本对数与劳动对数交叉项	0.150***	0.050	3.007			
资本对数与面积对数交叉项	−0.240***	0.097	−2.475			
劳动对数值平方项	−0.067***	0.015	−4.423			
劳动对数与土地对数交叉项	−0.108***	0.045	−2.431			
土地对数值平方项	0.099***	0.043	2.285			

续表 5-2

变量	Translog 生产函数			C-D 生产函数		
	系数	标准误	T 值	系数	标准误	T 值
常数项	3.829**	1.706	2.244	4.892***	0.147	33.366
$\sigma 2$	0.075***	0.009	8.720	0.094***	0.009	9.982
γ	0.896***	0.040	22.292	0.911***	0.029	31.535
Loglikehood	157.165			111.552		

注：*、**、***分别表示在10%、5%、1%水平上显著。

2. 技术效率测算结果分析

从整体上了解稻农技术效率的分布情况，能够更好地为后文开展分析。由表5-3可以看出，稻农技术效率的平均值为0.821，存在17.9%的效率损失。

表 5-3　水稻种植技术效率分组情况及描述性统计分析

效率分组	均值	样本量	比重/%
[0.5～0.6)	0.578	16	3.43
[0.6～0.7)	0.661	60	12.88
[0.7～0.8)	0.758	106	22.75
[0.8～0.9)	0.857	145	31.12
[0.9～1)	0.929	139	29.83
样本数	466		
平均值	0.821		
最小值	0.550		
最大值	0.970		

同时，选择核密度估计（kernel density estimation）方法能够更为直观地反映样本种植户技术效率得分的整体分布情况。由图5-1可以看出，稻农技术效率得分多分布在0.8～1区间，并呈现出明显的“单峰状”右偏分布特征。

从稻农生产环节外包程度来看（图5-2），只有1个环节外包的农户水稻生产技术效率最低，平均值为0.771。随着外包环节次数的增加，农户水稻生产技术效率也呈现出同期增长的趋势。在全环节外包的农户中，农户水稻生产技术效率平均值达到0.873。从统计描述结果来看，稻农生产环节外包程度与水稻生产技术效率变动趋势一致，但它们之间的因果关系这还需要进一步验证。

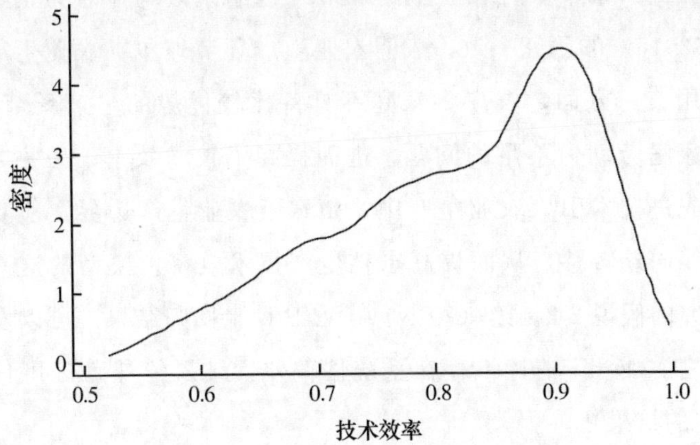

图 5-1　稻农技术效率得分的分布（核密度估计结果）

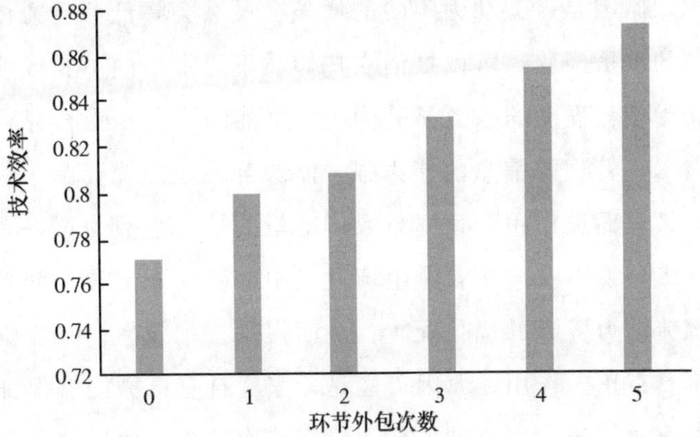

图 5-2　生产环节外包与水稻生产技术效率分布

3. 农业生产环节外包对水稻生产技术效率的影响分析

水稻生产技术效率是本章节的因变量，其数值范围严格介于 0～1，具有明显的截断特征，因此，使用 Tobit 模型更为合理。在具体实证分析过程中，采用逐步加入控制变量的方法进行逐一估计，以全面考察生产环节外包和控制变量对水稻生产技术效率的影响，同时考虑到截面微观调查数据可能存在的异方差问题，还汇报了 WLS 方法的估计结果进行对比，结果见表 5-4。回归结果的第（1）～（6）列分别在核心解释变量的基础上，依次加入农业生产决策者特征、家庭禀赋特征、土地经营特征、外部环境特征以及地区控制变量。在所有回归结果中，农业生产环节外包的系数均显著为正，该结果与Sun et al.（2018）的研究一致，表明农业生产环节外包在农业生产过程中发挥了积极作用。一方面，农户将家庭不具备比较优势的生产环节外包出去，有效缓解了家庭劳动力不足的问题，进而提高了技术效率；另一方面，环节外包能够将先进技术引入农业生产中，拓宽了农业生产边界，使农业生产的随机前沿曲线向外转移，从而提高水稻生产技术效率。模型的这一估计结果验证了本研究的假说2-3。第（7）列为WLS计量回归结果。可以发现，WLS估计结果与之前Tobit估计不存在系统性偏差，结果依然稳健可信（主要汇报第（6）列的结果）。

其他控制变量中，农业生产决策者年龄对水稻生产技术效率具有正向影响，并且通过了1%的显著性检验。这表明老龄化农户并不会对水稻生产效率产生不利影响，原因是，劳动力年龄的增长会虽然会降低劳动力体能，但同时也具有丰富的种植经验，可以抵消农户体质下降带来的不利影响，进而提高技术效率；受教育程度的系数显著为正。可能的原因是受教育程度高的农户获取农业技术、管理等信息的能力强，能够合理地配置资源，从而对水稻生产技术效率具有促进作用；家庭总人口变量的估计系数为正，原因可能是家庭人口数越多，说明农户在农业生产过程中的劳动力配置空间越大，能够实现家庭内部劳动力资源的优化配置，从而提高技术效率；农业机械对水稻生产技术效率具有正向作用。原因可能是，家庭自有机械能够保证农业生产不误农时以及农业生产的连贯性，从而提高技术效率。地形特征负向影响水稻生产技术效率，这与孙顶强等（2016）的研究结果相一致。种植面积对水稻生产技术效率具有负向作用，原因可能是经营面积小能够实现精细化管理，从而提高农业生产技术效率；非平地地区的水稻生产技术效率低于平地地区，这也符合平地更适宜种植水稻的常识性判断；农技指导对农户生产效率存在显著正向影响。有农技员指导的农户在农业生产过程中遇到难题时，能够寻找到行之有效的技术和方法，从而有利于提高水稻生产技术效率。

表 5-4　水稻生产技术效率影响因素的回归结果

变量	(1)	(2)	(3)	(4)	(5)	(6)	(7)
农业生产环节	0.021***	0.020***	0.018***	0.018***	0.018***	0.013***	0.010***
外包	(0.005)	(0.005)	(0.005)	(0.005)	(0.005)	(0.005)	(0.004)
年龄		0.002***	0.002***	0.002***	0.002***	0.001***	0.001**
		(0.000)	(0.000)	(0.001)	(0.001)	(0.000)	(0.000)
受教育程度		0.016***	0.014***	0.015***	0.012***	0.009**	0.008**
		(0.004)	(0.004)	(0.004)	(0.004)	(0.004)	(0.004)
性别		0.023	0.020	0.017	0.017	0.014	0.019
		(0.021)	(0.021)	(0.021)	(0.020)	(0.020)	(0.021)
家庭务农人数			−0.026***	−0.024***	−0.020***	−0.010	−0.011
			(0.007)	(0.007)	(0.007)	(0.008)	(0.007)
村干部			0.006	0.003	−0.004	−0.012	−0.018*
			(0.014)	(0.014)	(0.014)	(0.013)	(0.010)
家庭总人口			0.005**	0.005**	0.005**	0.004**	0.004***
			(0.002)	(0.002)	(0.002)	(0.002)	(0.002)
农业机械				0.002**	0.002**	0.002**	0.001*
				(0.001)	(0.001)	(0.001)	(0.001)
种植面积				−0.000	−0.000	−0.000*	−0.000
				(0.000)	(0.000)	(0.000)	(0.000)
土地细碎化				−0.000	−0.000	−0.000	−0.000**
				(0.000)	(0.000)	(0.000)	(0.000)
灌溉条件				−0.017**	−0.013*	−0.003	−0.001
				(0.007)	(0.007)	(0.007)	(0.006)
土地地形				−0.020***	−0.018**	−0.025***	−0.023***
				(0.007)	(0.007)	(0.007)	(0.007)
合作社					−0.009	−0.010	−0.012
					(0.010)	(0.010)	(0.010)
农技员指导					0.031***	0.020**	0.024***
					(0.010)	(0.010)	(0.009)
到县城距离					0.000	0.000	0.000
					(0.000)	(0.000)	(0.000)
地区变量						控制	控制
常数项	0.770***	0.592***	0.622***	0.677***	0.671***	0.726***	0.752***
	(0.013)	(0.038)	(0.041)	(0.044)	(0.043)	(0.044)	(0.044)

注：括号内的数值为标准误；*、**、*** 分别表示在10%、5%、1%水平上显著。

4. 农业生产环节外包对技术效率的影响的内生性讨论

在分析农业生产环节外包对农业生产技术效率的影响时，由于存在一些不可观测的因素，可能同时影响农业生产环节外包行为和水稻生产技术效率，导致二者之间具有内生性问题，基于此，本研究采用“村域内其他农户的农业生产环节外包次数”作为工具变量引入回归，以解决可能存在的内生性问题。

该工具变量主要通过以下渠道影响受访农户的水稻生产技术效率：第一，在具有熟人特性的乡村社会中，单个农户家庭的很多决策行为都会受到同群效应的影响，村域内其他农户的农业生产外包行为可能会影响样本农户的外包决策；第二，农户所在村域内其他农户的环节外包行为在一定程度上能够反映当地水稻生产环节外包服务是否容易获得以及外包服务市场的发育程度，因而直接影响受访农户能否获得农业外包服务以及外包程度的高低；第三，其他农户的环节外包行为并不能直接影响受访农户的水稻技术效率，也很难通过其他渠道间接影响受访农户的技术效率。综上所述，有理由认为，选取的工具变量具备一定的合理性，当然这还需要后续一系列的实证检验。如表5-5所示，外生Wald检验均在10%水平上显著，说明农业生产环节外包行为存在内生性问题，弱工具变量AR检验和Wald检验均在1%的统计水平上显著，表明不存在弱工具变量的问题。因此，“村域内其他农户的农业生产环节外包次数”可以作为受访农户环节外包行为的工具变量。结果表明，农业生产环节外包能够显著提高水稻生产技术效率，这也进一步验证了上述结论。

表5-5 基于IV-Tobit模型的回归结果

变量	第一阶段	第二阶段
农业生产环节外包		0.066***
		(0.024)
村级农业生产环节外包	0.574***	
	(0.121)	
控制变量	控制	控制
地区变量	控制	控制
Constant	1.499***	0.578***
	(0.497)	(0.082)

续表 5-5

变量	第一阶段	第二阶段
外生性 Wald 检验	6.58*	
弱工具变量 AR 检验	9.73***	
弱工具变量 Wald 检验	7.52***	

注：括号内的数值为标准误；*、**、*** 分别表示在 10%、5%、1%水平上显著。

5. 不同环节外包方式对水稻生产技术效率的影响

值得注意的是，上述分析结果从整体角度出发，讨论了农业生产环节外包对水稻生产技术效率的净影响，衡量的是一种中和正面效应与负面效应后的平均结果。理论上，具有不同环节特征的生产外包对技术效率的影响可能差别很大，有必要从不同角度选取环节外包，分析不同类型环节外包对水稻生产技术效率的影响，探寻是否存在进一步完善农业生产环节外包服务，提高水稻生产效率的空间。

（1）基于技术密集型环节和劳动密集型环节的划分。劳动密集型环节和技术密集型环节的标准化差异较大，相应的对家庭劳动力的替代程度和产出效应均不同，从而对水稻生产技术效率的影响也会不同。

表 5-6 的实证结果显示，劳动密集型环节外包对水稻生产技术效率的影响为并不显著。原因可能是本研究选取的整地和收割环节分别属于水稻生产过程中的初端和末端环节，对水稻最终产量的影响相对较小；而技术密集型环节外包对水稻生产技术效率存在显著正向影响。原因可能是，技术密集型环节直接影响作物生长好坏和作物产量高低，此类外包服务不仅能够保证农业生产不误农时，同时也可以规避自给服务带来的经营不确定性和生产风险。

表 5-6 生产环节外包与水稻生产技术效率：不同外包方式（1）

变量	(1)	(2)
劳动密集型生产环节外包	−0.009	
	(0.019)	
技术密集型生产环节外包		0.027***
		(0.010)
年龄	0.001***	0.001***
	(0.001)	(0.000)

续表 5-6

变量	(1)	(2)
文化程度	0.009**	0.009**
	(0.004)	(0.004)
性别	0.013	0.010
	(0.020)	(0.020)
家庭务农人数	−0.010	−0.010
	(0.008)	(0.008)
家庭有无村干部	−0.013	−0.011
	(0.013)	(0.013)
家庭总人口	0.004*	0.004*
	(0.002)	(0.002)
农用机械价值	0.002*	0.002
	(0.001)	(0.001)
面积	−0.000*	−0.000**
	(0.000)	(0.000)
土地细碎化	−0.000	−0.000
	(0.000)	(0.000)
灌溉条件	−0.001	−0.001
	(0.007)	(0.007)
土地地形	−0.024***	−0.025***
	(0.007)	(0.007)
是否参加合作社	−0.011	−0.012
	(0.011)	(0.010)
是否有农技员指导	0.018*	0.021**
	(0.010)	(0.010)
到县城距离	0.000	0.000
	(0.000)	(0.000)
地区变量	控制	控制
常数项	0.774***	0.751***
	(0.048)	(0.042)

注：括号内的数值为标准误；*、**、*** 分别表示在 10%、5%、1%水平上显著。

(2) 基于单个环节外包的分析。本小节进一步考察单项生产环节的外包行为对水稻生产技术效率的影响。表 5-7 中的结果表明，不同生产环节的外包服务对农户水稻生产效率的影响并不相同。具体表现为：整地环节、病虫害防治环节以及收割环节外包的回归系数并不显著，这也说明这些环节对水稻生产技术效率并未产生影响，而插秧和施肥环节外包对水稻生产技术效率具有显著影响。具体地，插秧环节外包表现为正向作用，而施肥环节外包则表现为负向作用。可能的原因是，插秧环节外包不仅能够有效替代家庭劳动力，更重要的是，插秧好坏直接影响出苗率和作物生长速度，专业化的插秧服务能够保证良好的出苗率，从而保证水稻产量。

施肥环节的标准化程度和机械化程度都处于较低水平，作业效果事后才能识别，监督难度大，导致发生道德风险的可能性较高，同时在一个水稻作物生长周期内，一般需要多次施肥，存在高昂的监督成本和管理成本，从而抑制了水稻生产技术效率。

整地和收割环节外包属于劳动密集型环节外包，对技术效率的影响并不显著，这与李丹（2021）的研究结果一致。原因可能是，这两个环节作业机械化程度和标准化程度都处于较高水平，农户家庭自我服务和购买外包服务作业的效果差异不大（杨志海，2019）；另外，整地和收割环节属于水稻生长过程的最前端和最末端环节，其环节作业对水稻生长过程影响较小，因此其对产量的影响不明显，故而不会对水稻生产技术效率产生影响。

表 5-7　生产环节外包与水稻生产技术效率：不同外包方式（2）

变量	估计系数	标准误
整地环节	−0.004	(0.010)
施肥环节	−0.029***	(0.011)
病虫害防治环节	0.014	(0.010)
插秧环节	0.057***	(0.009)
收割环节	0.007	(0.011)
控制变量	控制	
地区变量	控制	
常数项	0.737***	
	(0.045)	

注：括号内的数值为标准误；*、**、*** 分别表示在 10%、5%、1%水平上显著。

6. 农业生产环节外包对水稻生产技术效率的异质性分析

根据第二章的理论分析，在不同种植规模和细碎化程度下，农业生产环节外包对水稻生产技术效率的影响可能具有差异性，因此有必要进一步分析生产环节外包在不同农业生产条件下对水稻生产技术效率的影响。为达到这一分析目标，最为直接的方法是按照一定标准将样本进行分组回归，但由于随机前沿生产函数的特殊性，不同组别前沿面的不一致导致组别之间计算出的技术效率，并不具有可比性（夏秋，2019）。因此，本研究采用交互项的方法对这一问题进行探讨。为避免交互项引起的共线性问题，在引入模型前，对交互项各变量进行标准化处理。

（1）农业生产环节外包、经营规模对水稻生产技术效率的影响。规模经营主体和小农户并存是当前以及未来一段时期内我国农业生产的主要特征。按照国家统计局对不同类型农户的划分标准①，以 50 亩为界，将农户分划分为规模户和小农户两类。在水稻生产技术效率模型中引入农户类型虚拟变量与农业生产环节外包的交互项，得到表 5-8 中第一列回归结果。同时进一步将不同环节和农户虚拟变量的交互项引入技术效率的回归方程，得到表 5-8 中的第 2 列回归结果。研究表明，农业生产环节外包与农户类型交互项的回归系数显著为负，这说明农业生产环节外包对于不同规模农户的水稻生产技术效率影响存在显著差异，农业生产环节外包会降低规模户的水稻生产技术效率。也就是说，相比于规模户，农业生产环节外包更有利于提高小农户的生产技术效率，究其原因可能是，随着土地经营规模的扩大，农业生产环节外包服务对农户自有资源的替代效果逐渐减弱，购买更多的环节外包服务不仅意味着需要支付更高的服务成本，还需要付出高昂的监督成本和交易成本，从而不利于提高生产效率。这在一定程度上也验证了农业生产环节外包服务是实现小农户与现代农业衔接的有效路径。在具体分环节回归中，插秧环节外包与规模户的交叉项在 5%的水平下显著为负，表明规模户在插秧环节购买外包服务会降低其技术效率。原因可能是，插秧环节是影响水稻产量和播种面积最重要的生育环节，虽然规模户在插秧环节外包，能够高效地完成环节作业，

① 国家统计局：第三次全国农业普查主要数据公报（第二号）http://www.stats.gov.cn/tjsj/tjgb/nypcgb/qgnypcgb/201712/t20171215_1563539.html

但外包过程中同时也面临着较高的监督成本和较高的服务费用，从而降低了农业生产技术效率。

表 5-8　农业生产环节外包、经营规模对水稻生产技术效率影响的估计结果

变量	(1)	(2)
农业生产环节外包	0.019***	
	(0.005)	
农业生产环节外包×规模户	−0.018*	
	(0.010)	
整地环节外包		0.002
		(0.012)
收割环节外包		0.001
		(0.013)
插秧环节外包		0.073***
		(0.011)
病虫害防治环节外包		0.015
		(0.012)
施肥环节外包		−0.026**
		(0.013)
整地环节×规模户		−0.012
		(0.020)
收割环节×规模户		0.012
		(0.025)
插秧环节×规模户		−0.048**
		(0.019)
病虫害防治环节×规模户		−0.012
		(0.022)
施肥环节×规模户		−0.000
		(0.023)
规模户	−0.004	0.013
	(0.012)	(0.034)
控制变量	控制	控制变量
地区变量	控制	地区变量
常数项	0.754***	0.739***
	(0.043)	(0.046)

注：括号内的数值为标准误；*、**、***分别表示在10%、5%、1%水平上显著。

(2) 农业生产环节外包、土地细碎化对水稻生产技术效率影响。土地细碎化是农业生产中的外部约束条件。表5-9报告了农业生产环节外包、土地细碎化对水稻生产技术效率的影响。从第(1)列回归结果来看，土地细碎化与农业生产环节外包的交叉项系数显著为负，说明土地细碎化能够削弱农业生产环节外包对水稻生产技术效率的正向作用。原因可能是，土地细碎化增加了机械作业难度和提高了机械作业成本，抬高了外包服务组织供给边际成本，从而减弱了外包服务提高技术效率的优势；进一步区分不同生产环节外包后，发现土地细碎化与整地环节、病虫害防治环节、施肥环节外包的交叉项系数均显著为负，说明土地细碎化程度越高，会进一步削弱环节外包对生产效率的正向作用，以及进一步强化环节外包对生产效率的负向作用。以上的分析也验证了本研究的假说2-5。

表5-9 农业生产环节外包、土地细碎化对水稻生产技术效率影响的估计结果

变量	(1)	(2)
农业生产环节外包	0.021***	
	(0.006)	
农业生产环节外包×土地细碎化	−0.019**	
	(0.009)	
整地环节外包		0.013
		(0.013)
收割环节外包		0.008
		(0.014)
插秧环节外包		0.053***
		(0.012)
病虫害防治环节外包		0.025**
		(0.012)
施肥环节外包		0.002
		(0.016)
整地环节×土地细碎化		−0.045**
		(0.019)
收割环节×土地细碎化		−0.020
		(0.022)
插秧环节×土地细碎化		0.009
		(0.017)

续表 5-9

变量	(1)	(2)
病虫害防治环节×土地细碎化		-0.050^{***}
		(0.019)
施肥环节×土地细碎化		-0.062^{***}
		(0.021)
土地细碎化	-0.029^{***}	0.049^{*}
	(0.010)	(0.027)
控制变量	控制	控制
地区变量	控制	控制
常数项	0.747^{***}	0.718^{***}
	(0.042)	(0.046)

注：括号内的数值为标准误；*、**、*** 分别表示在 10%、5%、1%水平上显著。

7. 农业生产环节外包对水稻生产技术效率的影响机制验证

根据前文分析，生产环节外包的确对水稻生产技术效率具有积极影响，但究竟是如何影响还有待进一步检验。在第二章理论分析中，作用路径主要分为两条：一是通过分工效应，提高了农业生产要素利用效率（王志刚等，2011），从而增加水稻产出，提高水稻生产技术效率。二是通过替代效应，优化家庭劳动力要素配置，进而影响水稻生产技术效率。基于此，借鉴温忠麟和叶宝娟（2014）提出的中介效应检验方法，对此进行验证。其一，检验分工效应路径时，因变量为水稻生产技术效率，自变量为农业生产环节外包，中介变量为农业产出变量（水稻总产量/种植面积）。如果农业产出变量具有中介作用，则可认为生产环节外包服务通过专业分工提高了生产技术效率。其二，检验劳动力替代效应路径时，因变量为水稻生产技术效率，自变量为农业生产环节外包，中介变量为劳动力资源配置（农户家庭从事农业生产的人数占比）。如果劳动力资源配置具有中介作用，则可认为生产环节外包通过优化家庭劳动力资源配置这一路径，提高了稻农生产技术效率，即替代效应的路径存在。

（1）专业分工路径的中介效应检验。表 5-10 中，回归（1）表明农业生产环节外包系数为 0.013，并在 1%的统计水平上显著。回归（2）中，农业生产环节外包与农业产出在1%的水平上显著正相关，即农业生产环节外包有利于提高农业产出量。回归（3）中，在控制了农业生产环节外包变量的作用后，农业产出这个中介变量依然显著，但环节外包变量不显著。根据中介效应检验方法，可以知道，农业产出变量的中介效应是存在的，且表现为完全中介效应。也就是说，农业生产环节外包对水稻生产技术效率的正向提升作用，必然要通过提高农业产量这条路径来实现。

表 5-10 生产环节外包对水稻生产技术效率的影响机制——分工效应

变量	(1) 技术效率	(2) 农业产出	(3) 技术效率
农业生产环节外包	0.013***	11.623***	0.001
	(0.005)	(3.770)	(0.002)
农业产出			0.001***
			(0.000)
控制变量	控制	控制	控制
常数项	0.726***	514.188***	0.199***
	(0.044)	(37.511)	(0.025)

注：括号内的数值为标准误；*、**、***分别表示在10%、5%、1%水平上显著。

（2）替代效应路径的中介效应检验。根据前文模型设定，进一步检验劳动力投入变量是否发挥中介作用。表5-11中回归（1）表明农业生产环节外包系数为0.013，并在1%的统计水平上显著。回归（2）中，农业生产环节外包与劳动力资源配置在5%的水平上显著负相关，即农业生产环节外包程度越高，家庭农业劳动力投入数量越少。回归（3）中，在农业生产环节外包与劳动力资源配置变量均显著。根据中介效应检验方法，可以得出劳动力资源配置变量的中介效应是存在的，且表现为部分中介效应（中介效应为21.78%），也就是说，农业生产环节外包对水稻生产技术效率的正向提升作用中，有部分是通过节约家庭农业劳动力投入实现的。以上的分析也验证了本研究的假说2-4。

表 5-11　生产环节外包对水稻生产技术效率的影响机制——替代效应

变量	(1) 技术效率	(2) 劳动力资源配置	(3) 技术效率
农业生产环节外包	0.013***	−0.059**	0.018***
	(0.005)	(0.023)	(0.005)
劳动力资源配置			−0.048***
			(0.016)
控制变量	控制	控制	控制
常数项	0.726***	0.649***	0.698***
	(0.044)	(0.121)	(0.042)

注：括号内的数值为标准误；*、**、*** 分别表示在 10%、5%、1%水平上显著。

本章小结

基于湖南、安徽、江苏 3 省 466 户水稻种植的微观调查数据，通过构建超越对数随机前沿生产函数模型估计了稻农的技术效率水平。进一步实证研究了农业生产环节外包对水稻生产技术效率的影响及作用机制，同时分析了不同环节外包方式以及不同生产条件下，农业生产环节外包对水稻生产技术效率的作用影响。

第六章

农业生产环节外包对农户家庭收入的影响[①]

引言：农民增收问题是“三农问题”的重中之重。2020年和2021年中央一号文件更是具体地提出了发展富民乡村产业、加强现代农业设施建设等促进农民增收的政策。农业生产环节外包能否实现农民增收需要从多个角度进行讨论。农户作为农业生产经营的主体，只有保障其经济福利的不断提升，才能进一步促进外包服务需求的扩大。

① 本章内容在投稿中。

"三农问题"一直是政策制定者与理论研究者关注的热点话题，是党中央工作的重中之重，也是实现乡村振兴、国家长治久安和中华民族伟大复兴的重大战略问题。其中，农民增收问题是"三农问题"的重中之重。2020 年和 2021 年中央一号文件更是具体地提出了发展富民乡村产业、加强现代农业设施建设等促进农民增收的政策。

改革开放以来，随着农村劳动力的大量外移，工资性收入逐渐成为农民增收的主要渠道（王小华，2019）。与之相伴的是，农村内部收入差距也在不断扩大（陈志钢等，2019），这极有可能导致各种负面的社会效应和社会动荡的发生（甄小鹏和凌晨，2017）。长期来看，家庭联产承包责任制改革产生的增收效应已然释放殆尽，农民收入水平整体呈现出增长缓慢、增长不稳定以及非持续性的特征（王柏杰，2014；许彩华和余劲，2020），现有研究从互联网使用（刘任等，2021；何学松和孔荣，2019a）、土地征收（李霄等，2019）、信贷约束（曹瓅和杨雨，2020）、宅基地退出（孙鹏飞等，2020）、土地流转（高静等，2020；彭开丽和程贺，2020）、产业融合（朱桂丽和洪名勇，2021）、农业补贴（杨丹等，2020）、农民合作化（戴琳等，2020）、绿色技术采用（杨鑫和穆月英，2020；侯晓康等，2019）、农村劳动力转移（钱文荣和郑黎义，2011；陈宏伟和穆月英，2020；史新杰等，2019）、电子商务（曾亿武等，2018）等方面探寻提高农户收入的路径。

从理论上而言，购买农业生产环节外包服务是农户自愿选择的行为。农户作为理性的经济人，无论是选择部分环节外包还是全环节外包，都会增加农户的效用。因此，农业生产环节外包能够提高家庭福利这一观点得到一些学者的认同。如杨志海（2019）利用长江流域粮食主产省份 1 027 户农户的实地调研数据，实证研究发现外包服务能够提高家庭收入。Machila et al.（2015）和 Lyne et al.（2018）的研究也得出类似结论。但也有一些学者对此提出质疑，认为农业生产环节外包并未提高农户收入，在农作物产品价格低以及生产成本增加的背景下，农业生产环节外包的增收效应不仅会被抵消，甚至可能产生负向影响。Gillespie et al.（2010）以美国奶牛场为例，发现农资供应外包并不能提高农场收入。还有研究进一步划分农业生产环节外包类型，认为劳动密集型环节外包有显著的收入增长效应，而技术密集型环节外包并不能提高收入。整体而言，农业生产环节外包能否提高农户家庭收入还有待进一步验证。

综观现有相关文献，关于二者之间的研究已有讨论，但现有研究仍存在以下几点问题：首先，现有研究多考察农业生产环节外包对农户收入影响的平均效应，而对样本农户的异质性关注不足，从而高估农业生产环节外包的增收效应；其次，在研究对象方面，有些文献只是研究了农业生产环节外包对家庭收入的平均化影响，并没有全面回答外包对家庭收入结构以及收入差距的影响，这可能难以全面揭示农业生产环节外包的增收作用。若不厘清这些问题，则有可能会对农业生产环节外包的总体增收效果模糊化和平均化，从而不利于研判农业生产环节外包服务的福利效应。本研究实证结果表达的另一层含义是，不能片面地认为环节外包对所有农户都具有增收效应。

作为对已有研究的补充，本章重点关注 3 个问题，一是生产环节外包对家庭收入的影响如何？对不同收入群体表现出何种特征？是否具有“益贫效应”；二是生产环节外包对家庭收入结构具有怎样影响？内在影响机制如何？三是生产环节外包对家庭收入的影响在不同禀赋农户中是否具有差异？基于此，本章将从以下 4 方面进行完善：一是基于实地调研数据，采用 OLS 和 IV-2SLS 分析农业生产环节外包的收入效应，以解决模型中可观测和不可观测因素导致的偏差；二是采用 IVQR 模型分析农业生产环节外包对不同收入群体农户的增收效应，探究农业生产环节外包对收入差距的影响；三是采用 SUR 分析农业生产环节外部对不同类型收入的影响，并使用中介效应模型分析其内在作用机制；四是进行分组回归，考虑农户异质性条件下，农业生产环节外包对农户增收的差异化影响。

第一节　模型设定、指标选取与变量说明

1. 模型设定

（1）OLS 回归。家庭经营性收入和工资性收入是农户收入构成的主要部分。农业生产环节外包通过劳动力替代效应和技术效应对农业收入和工资性收入产生影响。结合本章研究视角，从农业收入（稻作收入和非稻作农业收

入）和工资性收入（非农就业收入和农业打工收入）的角度对家庭收入进行划分。借鉴经典的明瑟收入决定方程，综合考虑家庭人力资本、社会资本等禀赋特征，其具体形式为：

$$income_{1i} = \beta_{10} + \beta_{11}\, Service_i + \sum_{k=2}^{n} \beta_{1k}\, control_k + \varepsilon_{1i} \tag{6-1}$$

$$income_{2i} = \beta_{20} + \beta_{21}\, Service_i + \sum_{k=2}^{n} \beta_{2k}\, control_k + \varepsilon_{2i} \tag{6-2}$$

$$income_{3i} = \beta_{30} + \beta_{31}\, Service_i + \sum_{k=2}^{n} \beta_{3k}\, control_k + \varepsilon_{3i} \tag{6-3}$$

$$income_{4i} = \beta_{40} + \beta_{41}\, Service_i + \sum_{k=2}^{n} \beta_{4k}\, control_k + \varepsilon_{4i} \tag{6-4}$$

$$income_{5i} = \beta_{50} + \beta_{51}\, Service_i + \sum_{k=2}^{n} \beta_{5k}\, control_k + \varepsilon_{5i} \tag{6-5}$$

其中，$income_{1i}$、$income_{2i}$、$income_{3i}$、$income_{4i}$、$income_{5i}$ 为被解释变量，分别指家庭人均纯收入、人均稻作农业收入、人均非稻作农业收入、人均非农就业收入以及人均农业打工收入；$Service_i$ 为核心解释变量农业生产环节外包，具体的变量定义与取值与第五章一致，$control_k$ 为控制变量，包括家庭人力资本、社会资本、物质资本以及外部环境等，β_i 为估计系数，ε_i 为随机扰动项。

(2) IV-2SLS 回归。上述回归中，农业生产环节外包变量可能因为遗漏变量和反向因果关系存在内生性问题。一方面，农户收入高的家庭具有较强的经济实力，购买农业生产环节外包服务时面临的资本约束较小；另一方面，一些不可观测的因素可能同时影响家庭收入和环节外包行为。因此，在本研究中，我们选用工具变量法来解决可能存在的内生性问题。该变量选择遵循已有文献的研究思路（Kung，2002；仇童伟等，2015；何学松和孔荣，2019b），选取“村内其他农户的农业生产环节外包程度”作为工具变量。理论上，农村社会中的差序格局和封闭性特点使得农户行为同时兼具个体理性和群体跟随的特征（苗珊珊，2014），即具有同群效应的特征（潘静等，2014）。村内其他农户的农业生产环节外包程度会影响样本农户家庭的农业生产环节外包行为，但却不会直接影响样本农户的家庭收入。工具变量的计算方法如下：

$$IV\_Service_{nk_i} = (\sum_{k \neq k_i}^{j} Service_k)/(j-1) \quad (6\text{-}6)$$

式（6-6）中，nk_i表示第n个村庄k_i户家庭。得到工具变量之后，进一步根据陈强等的估计思路，最终采用两阶段最小二乘法进行估计（2SLS）：第一阶段，将内生解释变量对工具变量和其他控制变量进行 OLS 回归，得到模型的拟合值；第二阶段，将被解释变量对拟合值和其他控制变量进行回归。为保证结论稳健，进一步采用有限信息最大似然法（LIML）以及广义矩估计（GMM）做稳健性检验。当然，工具变量选取的合理性和适用性需要后文的验证。

（3）中介效应模型。为进一步识别农业生产环节外包的增收机制，构建以下中介效应模型（温忠麟和叶宝娟，2014）：

$$Income_i = \beta_0 + \beta_1 Service_i + \tau_1 X_i + \varepsilon_i \quad (6\text{-}7)$$

$$k_i = r_0 + r_1 Service_i + \tau_2 X_i + \varepsilon_i \quad (6\text{-}8)$$

$$Income_i = w_0 + w_1 k_i + \pi_1 Service_i + \tau_3 X_i + \varepsilon_i \quad (6\text{-}9)$$

式（6-7）～式（6-9）中X_{iP}为控制变量，与基准模型一致，此处不再赘述。中介效应模型的分析流程为：第一，先对式（6-7）中β_1进行检验，如果显著说明总效应显著；第二，对式（6-8）和式（6-9）中的系数r_1和w_1进行检验，如果两个都显著，则说明间接效应显著；当至少有一个系数不显著时，应进一步采用 Sobel 或 bootstrap 法进行检验；第三，对式（6-9）中的系数π_1进行检验，当它不显著时，说明存在完全中介效应，即自变量 *Service* 影响收入 *Income* 必然要经过中介变量k才能起作用。当它显著时，则认为存在部分中介效应；第四，比较$r_1 w_1$的符号和系数β_1的符号是否一致，以确认中介变量是否存在遮掩效应。

（4）IVQR 模型。相比于普通最小二乘回归法，在存在极端异常值时，分位数回归法的结构更加有效。在本研究中，农业生产环节外包与农户收入之间可能存在内生性问题，使用标准分位数回归估计得到的参数不具有一致性，甚至具有较大偏差。Chernozhukov 和 Hansen（2008）在此基础上提出了 IVQR 模型以解决内生性问题。本研究采用 IVQR 模型分析农业生产环节外包对不同收入群体农户的增收效应。

本章数据来自课题组在长江流域 3 个水稻主产省稻农的问卷调查。具体内容同第一章，在此不再赘述。

2. 变量定义及说明

(1) 被解释变量。本研究不仅分析农业生产环节外包对家庭人均纯收入的影响，同时也从收入结构的视角分析环节外包的作用机制。因此，本章引入不同类型收入作为因变量。为方便各方程收入系数能够直观比较，采用收入的实际观测值进行观测，不再对其作对数化处理。

(2) 核心解释变量。本研究的核心解释变量为农业生产环节外包，与上章节选取标准一致，此处不再赘述。

(3) 控制变量。借鉴 Schreinemachers, et al. (2016)、朱桂丽和洪名勇 (2021) 以及陈思等 (2020) 的做法，选取并控制了家庭人力资本特征、社会资本特征、物质资本特征以及外部环境等相关变量。此处列出了本章实证研究中的所有控制变量，在具体分析中，根据因变量的不同选取不同的控制变量。

人力资本是集聚在劳动力身上的体能、知识和技能的总和，是提高家庭收入的重要影响因素。选取的指标主要包括：年龄、受教育程度、家庭劳动力数量以及家庭务农劳动力数作为家庭人力资本变量。受教育程度是家庭人力资本积累的重要来源（周强和张全红，2017）。家庭劳动力数反映了家庭劳动力的供给情况，家庭劳动力数越多，投入生产获取报酬的机会也就越多，预期对家庭人均纯收入的影响为正。

社会资本对人力资本和物质资本具有重要补充作用。借鉴马俊龙和宁光杰（2017）、江永红和戚名侠（2018）的做法，将人情支出和是否为村干部作为社会资本的衡量指标。有村干部和人情支出较多的家庭，在一定程度上代表了家庭社会资源相对丰富，有利于促进农户收入增加。

家庭物质资本特征中，引入家庭土地经营特征、农业机械变量和农业投入费用来表示。土地经营特征包括种植面积、土地细碎化程度、土地地形以及土地灌溉条件等，种植经营面积和家庭农业机械反映家庭土地资产和固定资产情况，直接影响农户的收入水平。

外部环境变量中，选取是否有农机员指导、是否参加合作社以及与县城距离3个变量。与县城距离反映了农户的就业环境，对农户收入可能具有正向影响。农民合作社在推广农业技术、降低成本以及提高小农户议价能力等方面具有积极作用（温雪等，2019）。因此，参与合作社能够提高农户收入水平。农技员指导能够提高家庭农业经营能力，从而提高家庭收入。此外，考虑到区域经济、文化地区等特征对农户家庭收入的影响，引入湖南、安徽、江苏3个地区虚拟变量。具体说明见表6-1。

表6-1　各变量说明及描述性统计分析

变量	定义与赋值	均值	标准差
被解释变量			
人均纯收入	万元/年	1.37	0.86
稻作农业收入	万元/年	0.44	0.66
非稻作农业收入	万元/年	0.22	0.37
非农就业收入	万元/年	0.57	0.45
农业打工收入	万元/年	0.14	0.14
核心解释变量			
农业生产环节外包	与第五章选取一致	2.45	0.95
控制变量			
平均年龄	家庭劳动力平均年龄(岁)	48.03	10.44
平均受教育程度	1=未上过学;2=小学;3=初中;4=高中/中专/职高;5=大专及以上	3.43	1.20
农业决策者年龄	家庭劳动力平均年龄(岁)	55.64	9.57
农业决策者受教育程度	1=未上过学;2=小学;3=初中;4=高中/中专/职高;5=大专及以上	2.60	1.09
家庭劳动力数	家庭劳动力数量:人	2.80	1.20
村干部	家中是否有村干部:1=有;0=无	0.13	0.33
人情支出	家庭人情支出(万元)	0.94	1.89
家庭务农人数	家庭务农劳动力数量(人)	1.52	0.67
合作社	是否参加合作社:1=是;0=否	0.32	0.47
家庭农业机械	家庭是否拥有农业机械？1=是;0=否	0.33	0.47
种植面积	单位:亩	71.04	126.57

续表 6-1

变量	定义与赋值	均值	标准差
土地细碎化	地块数(块)	9.99	22.47
土地地形	1＝平原;2＝丘陵;3＝山区	1.29	0.63
灌溉条件	1＝好;2＝一般;3＝差	1.52	0.66
农技员指导	是否有农技员指导:1＝是;0＝否	0.38	0.49
农业投入费用	元,取对数	9.30	1.57
到县城距离	农户所在村域距离县城的距离(里)	21.96	19.24
安徽	1＝安徽;0＝其他	0.31	0.46
湖南	1＝湖南;0＝其他	0.32	0.47

第二节　实证结果与分析

1. 农业生产环节外包影响农户收入的基准回归分析

在模型回归前，为排除多重共线性问题，需要进行方差膨胀因子检验，结果发现 VIF 值均远小于临界值 10，说明各变量之间不存在共线性问题。

在表 6-2 中，回归结果第（1）列只放入核心解释变量“农业生产环节外包”；第（2）～（4）列在第（1）列回归的基础上逐步加入控制变量。从回归结果第（1）～（4）列可以看出，方程的 R^2 逐渐变大，说明纳入控制变量后，模型解释力得到进一步增强。对比第（1）～（4）列结果发现，在不同模型设定下，农业生产环节外包变量的回归系数均一致显著为正，表明农业生产环节外包能够促进农户家庭人均收入增长，这也验证了本研究的假说 2-6。考虑到截面数据易出现异方差的问题，导致估计结果有偏的问题，我们尝试采用 WLS 方法进行估计，保证结果具有无偏性、一致性和有效性。回归结果见第（5）列。

控制变量中，平均受教育程度系数显著为正，说明受教育对家庭收入具有显著的促进作用。平均受教育程度高的家庭更容易获得非农就业机会，家庭收入也会相应增加；种植面积对家庭人均纯收入具有显著的促进作用，这是因为耕地面积是重要的农业生产要素，种植面积越多，农户获得农业经营性收入的可能性也就越大。农业投入费用对家庭人均纯收入存在显著的正向影响。这也说明当前农业资本投入具有一定的收益率；土地细碎化对家庭人均纯收入具有负向影响，原因是土地细碎化程度越高，投入农业生产中的劳动力和资本就越多，从而减少家庭人均纯收入。

表 6-2　农业生产环节外包对家庭收入的影响：基准回归

变量	(1)	(2)	(3)	(4)	(5)
农业生产环节外包	0.069*	0.100***	0.066**	0.050*	0.044*
	(0.041)	(0.038)	(0.028)	(0.027)	(0.023)
平均年龄		−0.019***	−0.006*	−0.005	−0.002
		(0.004)	(0.003)	(0.004)	(0.003)
平均受教育程度		0.104***	0.067**	0.074**	0.095***
		(0.034)	(0.029)	(0.029)	(0.022)
劳动力数		−0.066*	−0.034	−0.037	−0.017
		(0.035)	(0.024)	(0.027)	(0.017)
村干部		−0.093	−0.020	−0.011	0.074
		(0.108)	(0.082)	(0.078)	(0.059)
人情支出		0.021	−0.007	0.002	−0.008
		(0.020)	(0.011)	(0.010)	(0.006)
参与合作社		0.359***	0.103	0.104	0.106*
		(0.087)	(0.072)	(0.076)	(0.063)
村庄到县城距离			0.001	0.001	0.002
			(0.002)	(0.002)	(0.001)
家庭有无机械			0.072	0.066	0.097
			(0.068)	(0.072)	(0.059)
种植面积			0.003***	0.003***	0.004***
			(0.000)	(0.000)	(0.000)
农业投入费用			0.118***	0.147***	0.101***
			(0.032)	(0.034)	(0.025)
农技员指导			0.031	0.048	−0.085
			(0.070)	(0.069)	(0.053)
土地细碎化				−0.007***	−0.007***
				(0.003)	(0.003)
地形				−0.008	−0.033
				(0.052)	(0.047)

续表 6-2

变量	(1)	(2)	(3)	(4)	(5)
灌溉条件				−0.070	−0.104**
				(0.054)	(0.043)
地区变量				控制	控制
常数项	1.206***	1.750***	−0.031	−0.247	−0.059
	(0.104)	(0.338)	(0.405)	(0.455)	(0.333)
R^2	0.006	0.145	0.507	0.537	0.455

注：括号内的数值为标准误；*、**、*** 分别表示在 10%、5%、1%水平上显著。

2. 农业生产环节外包影响农户收入的内生性讨论

上文验证了农业生产环节外包的增收效应，但未考虑农业生产环节外包行为与家庭收入之间的内生性和自选择性问题。农业生产环节外包具有改善家庭经济福利的作用（杨志海，2019），同时收入水平高的家庭也更倾向于增加环节外包。为解决核心解释变量潜在的内生性问题，本研究采用“村庄内其他样本农户生产环节外包次数”作为本家庭农户生产环节外包程度的工具变量，当然，其选择的合理性还需要进行相关统计检验。

如表 6-3 所示，杜宾-吴-豪斯曼检验在 10%水平上显著，说明农业生产环节外包存在内生性问题。选择“村域内其他农户水稻生产外包服务程度”作为工具变量，首先使用 2SLS 进行计量回归。考虑到截面数据更容易产生异方差问题，使用 2SGMM 模型估计可能比 2SLS 更加有效。此外，为规避可能存在的弱工具变量问题，进一步使用对弱工具变量更不敏感的 2SLIML 来进行计量回归，具体回归结果见表 6-3。

表 6-3 中 2SLS 和 2SLIML 回归结果基本一致，初步认为不存在弱工具变量问题。在模型检验中，Kleibergen-Paap Wald rk F 统计量的值是 29.388，远大于 10%统计显著性的临界值 16.38，说明不存在弱工具变量问题。同时，Kleibergen-Paap rk LM 统计量值为 23.858，并在 1%的统计水平上显著，说明强烈拒绝不可识别的原假设，并认为工具变量和内生解释变量高度相关。因此，可以认为选取的工具变量是有效的。从估计结果来看，解决内生性问题的干扰后，农业生产环节外包对于农户家庭人均纯收入的影响依然显著为正，与基准回归结果一致。这说明选择的工具变量具有一定的稳健性，也进

一步验证了结论的稳健性。

表 6-3 基于工具变量法的回归结果

变量	2SLS		2SLIML		2SGMM	
	第一阶段	第二阶段	第一阶段	第二阶段	第一阶段	第二阶段
工具变量	0.556***		0.556***		0.556***	
	(0.103)		(0.117)		(0.103)	
农业生产环节外包		0.265*		0.265*		0.265*
		(0.131)		(0.147)		(0.131)
控制变量	控制	控制	控制	控制	控制	控制
常数项	0.219	−0.606	0.219	−0.606	0.219	−0.606
	(0.670)	(0.503)	(0.697)	(0.500)	(0.670)	(0.503)
R^2	0.161	0.487	0.161	0.487	0.161	0.487
杜宾-吴-豪斯曼检验			2.720*			
Kleibergen-Paap rk LM 统计量			23.858***			
Kleibergen-Paap Wald rk F 统计量			29.388			

注：括号内的数值为标准误；*、**、*** 分别表示在 10%、5%、1%水平上显著。

3. 农业生产环节外包对不同收入群体农户的增收效应

从前文对农业生产环节外包增收效应的实证分析中可以看出，农业生产环节外包具有显著的增收效应。但是基于传统 OLS、IV-2SLS 等估计方法，只能得到农业生产环节外包对农户收入影响的平均化效应，而不能体现生产环节外包对不同收入水平农户的差异化影响。基于此，本章引入 IVQR 模型，进一步探究对于不同收入群体的农户而言，农业生产环节外包的增收效应是否存在差异？如果存在差异，那么这种影响是表现为对高收入农户更有利的“马太效应”？还是表现为对低收入农户更有利的“益贫效应”？对这些问题的回答有利于细化关于农业生产性服务的支持政策。

表 6-4 结果显示，农业生产环节外包对农户收入的影响在不同分位点上存在显著差异，从回归系数大小的变动趋势可以发现，随着家庭人均纯收入分位数的上升，农业生产环节外包对农户收入的正向作用呈现逐渐下降的趋势，这也说明农业生产环节外包更有利于提高低收入农户的家庭收入水平，这也

验证了本研究的假说2-7。可能的原因是，一方面农业生产环节外包能够缓解家庭自身的劳动力约束，使农业生产活动不再严格遵循个体农业生产者的经验积累机制，低技能、低收入农户借助生产环节外包，可以弥补自身农业技术应用的困难，甚至依靠自身经验优势实现经营决策上的快速赶超。另一方面低收入农户资本禀赋较弱，农田前期建设投资能力有限，致使产能受阻，此时环节外包将技术和知识引入到农业生产中，会激发水稻产能，同时环节外包还能够释放低收入农户家庭的剩余劳动力，增加非农就业机会和农内转移机会，使得低收入农户的边际收益更高。可见，农业生产环节外包具有“益贫效应”，在一定程度上能够缩小农村内部收入差距。

值得注意的是，在现有文献研究中，无论是互联网使用，还是土地流转，均能够扩大农户之间的收入差距，而本研究表明，农业生产环节外包的使用却能够缩小农户内部收入差距。因此有必要通过推进不同类型的农业生产环节外包，有效破解农业资源约束，弥补低收入群体的资源禀赋劣势，从而提高其收入水平。

表 6-4　基于工具变量分位数回归的回归结果

变量	(1) 10 分位数	(2) 30 分位数	(3) 50 分位数	(4) 70 分位数
农业生产环节外包	0.277**	0.179*	0.086	0.129
	(0.137)	(0.094)	(0.087)	(0.095)
控制变量	控制	控制	控制	控制
常数项	−0.354	0.626	0.393	−0.110
	(0.812)	(0.558)	(0.515)	(0.565)
样本量	466	466	466	466

注：括号内的数值为标准误；*、**、*** 分别表示在10%、5%、1%水平上显著。

4. 农业生产环节外包对家庭收入结构的影响及作用机制分析

(1) 农业生产环节外包对家庭收入结构的影响。根据前述分析结果，生产环节外包能够促进农户增收。进一步地，本部分将深入剖析生产环节外包如何通过直接或间接作用机制影响农户收入结构，从构建的农户收入方程来看，由于不同收入方程中选用的控制变量基本相同，故而选用似不相关回归(SUR) 对模型的参数进行估计，同时为了比较不同模型估计方法对模型结果可能造成的影响。本研究同时也汇报了单方程普通 OLS 的估计结果，具体结果见表 6-5 和表 6-6。

从结果可知，似不相关的“各方程扰动项无同期相关”假设的 Breusch-Pagan 统计值为 422.70，并在 1%的统计水平上显著。由此可以判别，使用 SUR 估计比普通 OLS 更有效率，所以用 SUR 估计结果进行解释。

农业生产环节外包对非农就业收入存在显著正向影响，而对农业打工收入具有负向影响，并在 1%的统计水平上显著，对非稻作农业收入和稻作农业收入的影响均不显著。这意味着农业生产环节外包对家庭收入的提升效应主要来源于非农就业收入。从农业生产环节外包影响农户收入的路径来看，农业生产环节外包释放的劳动力会优先投身于经济收益更高的非农就业，从而提高家庭非农就业收入。农业生产环节外包对稻作农业收入影响不显著，其原因可能是农户购买环节外包服务的数量越多，意味着需要支付越高成本费用，这部分费用可能会抵消外包带来的农业收益。此外，值得注意的是，农业生产环节外包对农业打工收入具有显著的负向影响。可能的原因是，个体劳动时间是有限的，在非农就业和农业打工活动中，农户会优先将时间配置到非农就业中，从而减少农业打工时间和农业打工收入。

表 6-5 农业生产环节外包对家庭收入结构的影响：OLS 估计结果

变量	(1) 稻作农业收入	(2) 非稻作农业收入	(3) 非农收入	(4) 农业打工收入
农业生产环节外包	0.022	0.015	0.039**	−0.021***
	(0.015)	(0.013)	(0.019)	(0.007)
平均年龄			−0.010***	0.003***
			(0.002)	(0.001)
平均受教育程度			0.049***	−0.015***
			(0.019)	(0.006)
劳动力数			0.066***	−0.009
			(0.018)	(0.005)
决策者年龄	0.002	0.000		
	(0.002)	(0.002)		
决策者文化程度	0.025	0.021		
	(0.019)	(0.016)		

续表 6-5

变量	(1) 稻作农业收入	(2) 非稻作农业收入	(3) 非农收入	(4) 农业打工收入
务农人数	−0.055*	−0.054**		
	(0.030)	(0.026)		
村干部	−0.111**	0.061	0.034	−0.001
	(0.049)	(0.051)	(0.049)	(0.018)
家庭有无机械	0.079	−0.061*	0.052	−0.016
	(0.052)	(0.036)	(0.048)	(0.013)
种植面积	0.003***	0.001***	−0.001***	0.000
	(0.000)	(0.000)	(0.000)	(0.000)
农业投入费用	0.165***	0.055***	−0.058***	−0.014**
	(0.024)	(0.018)	(0.020)	(0.007)
土地细碎化	−0.002**	−0.004***	−0.001	−0.001***
	(0.001)	(0.001)	(0.001)	(0.000)
地形	−0.008	0.030	−0.038	0.004
	(0.032)	(0.032)	(0.033)	(0.009)
灌溉条件	−0.037	−0.010	−0.013	−0.002
	(0.038)	(0.026)	(0.033)	(0.010)
农技员指导	0.085*	−0.019	0.013	−0.012
	(0.045)	(0.036)	(0.044)	(0.014)
人情支出	−0.005	−0.002	0.011*	−0.004**
	(0.006)	(0.004)	(0.006)	(0.002)
参与合作社	−0.016	0.115***	0.022	−0.001
	(0.045)	(0.040)	(0.050)	(0.013)
村庄到县城距离	0.000	−0.000	0.002	−0.000
	(0.001)	(0.001)	(0.001)	(0.000)
地区变量	控制	控制	控制	控制
常数项	−1.380***	−0.499**	1.133***	0.275***
	(0.307)	(0.209)	(0.273)	(0.086)
R^2	0.694	0.360	0.247	0.243

注：括号内的数值为标准误；*、**、*** 分别表示在 10%、5%、1%水平上显著。

表 6-6　农业生产环节外包对家庭收入结构的影响：SUR 估计结果

变量	(1) 家庭纯收入	(2) 稻作农业收入	(3) 非稻作农业收入	(4) 非农收入	(5) 农业打工收入
农业生产环节外包	0.054*	0.022	0.015	0.039*	−0.021***
	(0.030)	(0.019)	(0.016)	(0.020)	(0.006)
平均年龄	−0.007***			−0.010***	0.003***
	(0.002)			(0.002)	(0.001)
平均文化程度	0.041**			0.053***	−0.014**
	(0.019)			(0.018)	(0.006)
劳动力数	0.041**			0.058***	−0.011**
	(0.019)			(0.018)	(0.006)
决策者年龄		0.000	0.000		
		(0.001)	(0.001)		
决策者文化程度		−0.001	0.004		
决策者年龄		(0.011)	(0.011)		
务农劳动力		0.006	−0.012		
		(0.020)	(0.019)		
村干部	−0.002	−0.102*	0.067	0.033	−0.001
	(0.085)	(0.053)	(0.044)	(0.057)	(0.018)
家庭有无机械	0.045	0.071*	−0.066**	0.055	−0.015
	(0.066)	(0.041)	(0.033)	(0.044)	(0.014)
种植面积	0.003***	0.003***	0.001***	−0.001***	0.000
	(0.000)	(0.000)	(0.000)	(0.000)	(0.000)
农业投入费用	0.141***	0.160***	0.052***	−0.057***	−0.014**
	(0.030)	(0.019)	(0.015)	(0.020)	(0.006)
土地细碎化	−0.007***	−0.002**	−0.004***	−0.001	−0.001*
	(0.001)	(0.001)	(0.001)	(0.001)	(0.000)
地形	−0.011	−0.008	0.030	−0.038	0.004
	(0.046)	(0.029)	(0.024)	(0.031)	(0.010)
灌溉条件	−0.062	−0.036	−0.009	−0.014	−0.002
	(0.046)	(0.029)	(0.023)	(0.031)	(0.010)
农技员指导	0.077	0.094**	−0.013	0.010	−0.013
	(0.064)	(0.040)	(0.032)	(0.043)	(0.013)

续表 6-6

变量	(1) 家庭纯收入	(2) 稻作农业收入	(3) 非稻作农业收入	(4) 非农收入	(5) 农业打工收入
人情支出	0.001	−0.004	−0.002	0.011	−0.004
	(0.015)	(0.009)	(0.008)	(0.010)	(0.003)
参与合作社	0.108	−0.022	0.110***	0.022	−0.001
	(0.067)	(0.042)	(0.034)	(0.045)	(0.014)
村庄到县城距离	0.002	0.000	0.000	0.002	−0.000
	(0.001)	(0.001)	(0.001)	(0.001)	(0.000)
地区变量	控制	控制	控制	控制	控制
常数项	−0.279	−1.269***	−0.429**	1.136***	0.274***
	(0.356)	(0.205)	(0.176)	(0.278)	(0.087)
R^2	0.525	0.690	0.355	0.246	0.242

注：括号内的数值为标准误；*、**、*** 分别表示在 10%、5%、1%水平上显著。

（2）农业生产环节外包对家庭收入结构影响的作用机制。既然农业生产环节外包通过提高非农收入和减少农业打工收入来影响家庭整体收入，那么其又是通过何种作用机制影响家庭非农收入和农业打工收入呢？基于此，本章将非农就业时间和务农劳动力配置作为中介变量引入模型。

表 6-7 汇报了以非农就业时间为中介变量的估计结果。由第（1）和第（2）列结果表明，农业生产环节外包对家庭非农就业收入具有显著的正向作用，但对农业打工收入具有显著的负向作用。第（3）列回归结果表明，农业生产环节外包能够显著增加劳动力的非农就业时间，由于家庭劳动人数的工作时间是有限，若家庭非农打工时间增加，就会相应减少劳动力农业打工的时间，从而减少农业打工收入。第（4）列回归结果中，农业生产环节外包和非农就业时间变量都显著，根据中介效应检验方法，可知非农就业时间在农业生产环节外包对非农收入的影响中存在部分中介效应，中介效应占总效应的比重为 19.52%。这意味着，样本区域内生产环节外包对家庭非农收入的影响大约有 19.52%是通过增加非农就业时间的中介作用实现的。第（5）列加入非农就业时间变量后，农业生产环节外包这一变量显著，但非农就业时间变量并不显著。此时不能确定中介效应是否存在，需进一步采用 Bootstrap 中介效应分析方法再次进行检验。结果表明，农业生产环节外包对农业打工收入的中介效应 Bias-corrected 和 percentile 的 95%置信区间包括 0，说明非农

就业时间在农业生产环节外包对农业打工收入影响中不存在中介效应。

表 6-7　农业生产环节外包对务工收入的影响机制分析(1)

变量	(1) 非农就业收入	(2) 农业打工收入	(3) 非农就业时间	(4) 非农就业收入	(5) 农业打工收入
农业生产环节外包	0.039**	−0.021***	0.346*	0.034**	−0.020***
	(0.019)	(0.007)	(0.209)	(0.017)	(0.007)
非农就业时间				0.022***	−0.001
				(0.002)	(0.001)
控制变量	控制	控制	控制	控制	控制
地区变量	控制	控制	控制	控制	控制
常数项	1.133***	0.275***	0.832	0.836***	0.284***
	(0.273)	(0.086)	(2.015)	(0.240)	(0.088)

注：括号内的数值为标准误；*、**、*** 分别表示在10%、5%、1%水平上显著。

表6-8汇报了以务农劳动力占比为中介变量的估计结果。第（1）和第（2）列结果与前述结果一致。第（3）列回归结果表明环节外包能够减少务农劳动力投入数量。第（4）列回归结果表明，在控制环节外包变量的影响后，中介变量务农劳动力占比对家庭非农就业收入仍具有显著的抑制作用，说明务农劳动力占比具有部分中介效应（中介效应占总效应的比重为11.08%）。同样可以判断，务农劳动力占比在农业生产环节外包对农业打工收入影响中具有部分中介效应（中介效应占比为3.8%）。

表 6-8　农业生产环节外包对务工收入的影响机制分析(2)

变量	(1) 非农就业收入	(2) 农业打工收入	(3) 务农劳动力占比	(4) 非农就业收入	(5) 农业打工收入
农业生产环节外包	0.039**	−0.021***	−0.020*	0.039**	−0.020***
	(0.019)	(0.007)	(0.012)	(0.019)	(0.007)
务农劳动力占比				−0.216**	0.040#
				(0.093)	(0.026)
控制变量	控制	控制	控制	控制	控制
地区变量	控制	控制	控制	控制	控制
常数项	1.133***	0.275***	0.326***	1.107***	0.280***
	(0.273)	(0.086)	(0.099)	(0.270)	(0.087)

注：括号内数值为稳健标准误；#、*、**、*** 分别表示在15%、10%、5%、1%水平上显著。

5. 农业生产环节外包对农户收入影响的异质性分析

上述分析虽证实了环节外包的增收效应，但仅分析了平均化影响，并未考虑农户群体的差异性。已有研究证明农户物质资本、人力资本等方面的禀赋差异是引致农户收入不平等的重要因素（程名望等，2015）。农户资本禀赋的异质性导致农业生产环节外包的经济效应无法“量质相同”，最终使农户增收出现群体差异。为此，本章试图从人力资本异质性和物质资本异质性考察生产环节外包的增收效应。

（1）区分不同人力资本。随着人口老龄化程度的加深，农业生产环节外包替代节约的农村劳动力大多为老人。从再就业的角度来看，老年劳动力在非农就业信息获取、劳动能力、社会关系网络等方面均处于弱势地位，但在农业务工市场上具有劳动价格便宜和经验丰富的优势，使生产环节外包替代劳动的效应在不同就业市场中的作用并不相同。本部分以家庭劳动力平均年龄 60 岁为界，将样本农户划分为老年组和年轻组，以考察农业生产环节外包对家庭收入的影响在不同年龄阶段的差异，据此得到表 6-9 的回归结果。结果表明，在老龄组中，农业生产环节外包能够提高家庭农业打工收入，而对其他类型的收入影响不显著。其原因可能是，老年劳动力因年龄较大，知识和技能相对欠缺，在非农就业市场中处于劣势地位。农内转移为老年劳动力提供了就业渠道，购买环节外包服务的老年农户，可以将剩余劳动时间分配到农业打工活动中，从而获得农业打工收入。在年轻组中，农业生产环节外包能够提高非农收入，但不利于农业打工收入的增长。

表 6-9 基于家庭人力资本的异质性分析

变量	老龄组				
	家庭收入	稻作农业收入	非稻作农业收入	非农收入	农业打工收入
农业生产环节外包	0.001	0.021	−0.013	−0.044	0.038***
	(0.078)	(0.015)	(0.037)	(0.061)	(0.011)
控制变量	控制	控制	控制	控制	控制
地区变量	控制	控制	控制	控制	控制
常数项	−1.101	−0.785***	−0.559	−0.278	0.618***
	(1.027)	(0.211)	(0.484)	(0.808)	(0.146)

续表 6-9

变量	年轻组				
	家庭收入	稻作农业收入	非稻作农业收入	非农收入	农业打工收入
农业生产环节外包	0.070**	0.018	0.016	0.047**	−0.031***
	(0.035)	(0.023)	(0.018)	(0.022)	(0.007)
控制变量	控制	控制	控制	控制	控制
地区变量	控制	控制	控制	控制	控制
常数项	−0.260	−0.958***	−0.394**	0.579***	0.301***
	(0.345)	(0.222)	(0.175)	(0.220)	(0.066)

注：括号内的数值为标准误；*、**、*** 分别表示在 10%、5%、1%水平上显著。

(2)区分不同经营规模。进一步划分规模户和小农户，考察在不同规模农户中，农业生产环节外包对家庭收入的差异化影响，据此得到表 6-10 中的回归结果。结果表明，在小农户组中，农业生产环节外包有利于促进家庭纯收入和非农收入的增长，但会抑制农业打工收入。这也说明，农业生产环节外包对小农户的增收效果更加明显，结合上一章分析，农业生产环节外包对提高小农户的生产技术效率更加有效，这也意味着农业生产环节外包对小农户具有增效增收的作用，进一步推进农业生产环节外包服务的均衡发展，有利于实现小农户与现代农业的有效衔接，同时也能够实现农户增收，这对解决“三农问题”具有重要意义。在不同年龄组和经营规模组，农业生产环节外包的增收效应分析也验证了本研究的假说 2-8。

表 6-10　基于经营规模的异质性分析

变量	规模户				
	家庭收入	稻作农业收入	非稻作农业收入	非农收入	农业打工收入
农业生产环节外包	0.020	0.016	0.028	0.045	−0.030**
	(0.093)	(0.072)	(0.049)	(0.045)	(0.012)
控制变量	控制	控制	控制	控制	控制
地区变量	控制	控制	控制	控制	控制
常数项	−4.944***	−5.846***	−2.321***	1.796**	−0.340
	(1.635)	(1.195)	(0.807)	(0.788)	(0.213)

续表 6-10

变量	小农户				
	家庭收入	稻作农业收入	非稻作农业收入	非农收入	农业打工收入
农业生产环节外包	0.043#	0.008	0.004	0.046*	−0.014*
	(0.029)	(0.005)	(0.013)	(0.024)	(0.008)
控制变量	控制	控制	控制	控制	控制
地区变量	控制	控制	控制	控制	控制
常数项	−0.312	−0.851***	−0.498***	0.645*	0.197*
	(0.432)	(0.073)	(0.185)	(0.356)	(0.117)

注：括号内数值为稳健标准误；#、*、**、*** 分别表示在 15%、10%、5%、1%水平上显著。

本章小结

提高收入是农户家庭经营的终极目标，而农业生产环节外包对农户收入的影响尚不明确。本章利用安徽、湖南和江苏 3 省水稻种植户的微观调研数据，采用 OLS、IV-2SLS、中介效应、工具变量分位数等方法评估了农业生产环节外包的增收效应，并进一步探究了内在作用机制与异质性影响。

第七章

研究结论与政策启示

引言：农农业生产环节外包服务是衔接“小农户”与“大生产”的重要桥梁，也是推进我国农业现代化发展的科学路径之一。综合全文的研究结果，本章对全文主要结论进行总结，并提出完善农业生产环节外包服务，提高农户经济效应的政策启示。

农业生产环节外包服务是衔接“小农户”与“大生产”的重要桥梁，也是推进我国农业现代化发展的科学路径之一。鉴于农业生产环节外包服务的重要作用，国家出台一系列政策措施旨在鼓励和推进农业生产环节外包服务的发展。农户是购买外包服务的主体，要推进农业生产环节外包服务的发展，关键在于推动农户的外包决策行为。在现实实践中，不同作业环节的外包发育程度并不相同，哪些因素影响农户的生产环节外包行为？导致农户不同类型环节外包行为的原因是什么？农业生产环节外包的经营绩效如何？如何进一步推进其健康可持续发展？基于此，本研究在文献梳理和现实考察的基础上，依据相关理论，利用安徽、湖南和江苏 3 省 466 份水稻种植户调研数据，运用 Probit 模型、ISM 模型、Mvprobit 模型、Poisson 模型、Tobit、IV-Tobit、OLS、IV-2SLS 模型、中介效应模型、IVQR 等计量经济学方法，分析农户农业生产环节外包行为决策的影响因素、生产环节外包对农业生产技术效率和农户家庭收入的影响效应。综合全文的研究结果，本章对主要结论进行总结，并提出完善农业生产环节外包服务，提高农户经济效应的政策启示。

第一节 主要研究结论

第一，农户生产环节外包的行为影响因素分析表明：①劳动密集型生产环节外包行为的深层次影响因素为年龄和受教育程度，中间层次影响因素为农业机械、种植面积和风险偏好，直接因素为家庭收入和养老保险。这些影响因素可归为一条路径和一个直接驱动因素。技术密集型生产环节外包行为的深层次影响因素为农业机械和种植面积，直接因素为家庭收入、土地细碎化和农技员指导。这些影响因素可归为一条路径和 2 个直接驱动因素。综合比较可以看出，不同类型生产环节外包的影响因素和深层次逻辑并不相同。劳动密集型环节外包的根源性因素主要在于农户初始禀赋，而技术密集型环节外包的根源性因素为农业经营特征。②在农户日益明显分化的背景下，不同类型农户的环节外包行为选择具有较大差异。与高兼业户相比，规模户倾向于在劳动密集型环节减少外包，而在技术密集型环节更愿意购买外包服务。③与高兼业户相比，规模户会减少在整地环节外包，而在收割环节外包没有显著差异；在技术密集型环节中，规模户会倾向于购买病虫害防治服务和插秧外包，而在施肥环节，与高兼业户没有显著差异；整体而言，规模户购买环节外包服务的次数更多，而这些环节主要表现在技术密集型环节；以上分析具有较强的政策启示，即政策推行应循序渐进，针对不同主体制定相应的政策。

第二，农业生产环节外包对农业生产技术效率的研究表明：①农业生产环节外包显著提高了稻农生产技术效率；考虑内生性问题后，这一结果依然稳健。②环节异质性分析发现，技术密集型环节外包对技术效率存在显著正向影响，而劳动密集型环节外包的作用不显著；从单个生产环节来看，整地、植保和收割环节外包对水稻生产技术效率没有产生影响；而插秧环节和施肥环节外包分别表现出显著的正向和负向作用。③影响机制分析表明，生产环节外包主要通过分工效应路径和替代效应路径影响水稻生产技术效率；其中，农业产出变量表现为完全的中介效应，农业劳动力投入变量表现为部分的中介效应。④农户异质性分析发现，农业生产环节外包对小农户技术效率的提高程度显著高于规模经营主体，这也验证了农业生产环节外包服务是实现小农户与现代农业衔接的有效路径；进一步区分不同生产环节后，发现规模户选择在插秧环节外包会降低其技术效率。⑤土地细碎化削弱了农业生产环节外包对水稻生产技术效率的正向作用。原因可能是土地细碎化不仅增加了机械作业难度，同时也抬高了外包服务组织的供给边际成本，削弱了外包服务对技术效率的正向提升作用；区分不同环节后，发现土地细碎化与整地环节、病虫害防治环节、施肥环节外包的交叉项系数均显著为负，说明土地细碎化程度越高，会进一步削弱环节外包对生产效率的正向作用，以及进一步强化环节外包对生产效率的负向作用。

第三，农业生产环节外包对农户收入影响的研究表明：①农业生产环节外包显著增加了农户家庭收入。该结论在引入具有同群效应的工具变量，解决内生性问题之后依然是稳健的。家庭劳动力平均受教育程度、种植面积、农业投入费用、土地细碎化也是影响农户家庭收入的重要因素。②农业生产环节外包对家庭收入的影响在不同收入水平群体间存在差异，突出表现为“益贫不益富”的特征。③从收入结构来看，农业生产环节外包对不同类型收入的影响作用不同。具体表现为：农业生产环节外包对非农收入具有显著正向作用，而对农业打工收入具有负向作用。进一步分析其作用机制，发现非农就业时间和务农劳动力占比在农业生产环节外包影响农户务工收入中具有部分中介效应。④不能片面地认为农业生产环节外包对所有农户都具有增收效应。异质性分析发现,农业生产环节外包的增收作用在不同规模和不同老龄化程度的农户中表现出明显差异。相比于规模户,小农户通过生产环节外包能够增加非农就业收入;相比于年轻农户,老年农户通过生产环节外包能够增加农业打工收入。

第二节 相关政策启示

基于实证分析及研究结论,提出以下政策建议:

1.根据不同类型农户的禀赋,有序推进农业生产环节外包服务发展

根据研究结论,分属不同群体的农户,在资本、劳动力以及土地等方面存在显著差异,进而对不同类型生产环节外包行为决策产生不同影响。因此,在推进农业生产环节外包服务发展时,应对不同群体进行精准施策和分类施策。

(1)政策制定和实施要充分考虑农户的异质性,不同类型农户的行为逻辑和动机各不相同,因此应了解不同类型农户的外包服务需求,分类指导,以便能够更有效推进农业生产环节外包行为。鉴于小农户在当前及未来一段时期内都是我国农业生产的重要主体,应关注小农户外包服务的现实需求,有序推进农业生产环节外包服务发展。健全面向小农户的农业生产环节外包服务体系,让更多小农户能放心将环节作业外包给服务组织,从而提高其生产技术效率和家庭收入。

(2)政府应根据水稻生产的不同环节提供差异化的扶持政策。具体而言,对于农户普遍购买的整地、收割等劳动密集型环节,政府应规范这类环节外包服务的作业标准和质量;而对于农户接纳程度较低,且在提高农业生产效率具有优势的技术密集型环节,政府应加强干预和调控,提高此类环节外包服务的机械化和标准化水平,改善服务质量。

2.完善环节外包服务体系,推进农业生产环节外包服务的高质量发展

根据研究结论,农业生产环节外包在提高农业生产技术效率方面具有积极的作用,但尚有进一步开发和改善的潜力。为进一步深化农业生产环节外包服务发展、实现农业现代化,政府应积极引导农业生产环节外包服务市场发育、提

高外包服务质量、规避服务过程中的道德风险或机会主义行为，推进农业生产环节外包服务市场有序健康发展。

(1)重视农业外包服务主体的培育。提升服务主体的专业技术水平和专业服务能力，促进公益性服务组织和经营性服务组织的融合发展，全面完善农业外包服务体系。通过引导农机服务组织转型发展，建立健全相应的奖惩体系，降低农机作业中的机会主义行为，完善农机作业服务市场，健全农机服务市场化竞争的体制机制，促进包括农机手、农机服务组织等在内的各类主体之间的良性竞争。

(2)利用现代传媒手段建立健全社会化服务的供需对接机制。政府统一搭建信息平台和信息发布系统，为服务组织和生产主体的经营决策提供参考，有效降低生产环节外包服务在市场交易过程的费用，推进农业生产环节外包服务的发展进程。

(3)政府应当充分利用农业生产环节外包服务，将农业先进技术推广以外包服务的形式注入农业生产环节；同时注重发挥村集体、合作社等中介组织的作用，提高农民的组织化程度，加强农户之间的联合，积极引导农民走向农业生产集体行动，使小农户分散的外包服务需求与外包服务市场有效链接，降低服务作业成本，推动农户改变农业生产方式，从而进一步提升农业生产技术效率。

3.加强农村基础设施建设，改善农业生产环节外包作业环境

根据研究结论，土地细碎化会削弱农业生产环节外包对农业生产技术效率的正向作用。完整连片的土地和健全的农业基础设施是农业生产环节外包服务市场发育成熟的重要外部条件。在有条件的地区应鼓励和引导农户自愿互换承包地块，实现以家庭为单位的土地集中连片，降低农地细碎化程度，同时推进土地整理，在有条件的地方积极推进高标准农田建设，将细碎化的耕地进行统一规整，为农业生产环节外包服务创造良好的农田基础环境；鼓励有条件的地方通过以奖代补、先建后补等方式，建设和完善农业生产基础设施。根据轻重缓急的原则，加强对机耕生产道路和村组道路的建设，解决农业基础设施的“最后一公里”问题，为农业生产环节外包服务创造便利的场地和交通条件，缓解诸多客观条件对农业生产环节外包服务的阻碍。最后，进一步完善农村土地流转市场，让农地向有生产管理优势的农户集中，形成当前农业生产技术水平

条件下的适度规模经营，在农地流转中注意通过土地整理降低农地细碎化水平，从而改善农地资源配置效率，提高农业生产技术效率。

4. 重视提高农民的非农就业能力，拓宽非农就业渠道

根据研究结论，农业生产环节外包不仅提高了参与农户的家庭资源配置效率，还是实现农民增收的一个新途径，且具有“益贫效应”的特征，有利于缓解稻农内部的收入差距。但值得注意的是，农业生产环节外包的增收作用机制主要来源于增加非农就业时间来提高农户非农收入，因此，外包后的家庭成员能否顺利转移到非农就业市场是实现家庭增收的关键一环，由此引申的政策含义是明确的。

(1)建立劳动力转移长效机制，拓宽非农就业的渠道。优化劳动力的非农就业环境，完善城乡劳动力就业平等的制度体现，开展定期的非农就业培训，提高农户相关就业技能和基本素质。

(2)建立城乡一体化的人力资源市场，将就业信息及时传达反馈给农户，提高农户非农就业率和非农收入。

(3)充分挖掘农村地区的旅游资源，尤其是田园山水、农家休闲、农耕文化等资源，注重开发农村特色农业、休闲农业、观光农业、体验式农业和乡村旅游业的发展，为本地劳动力提供就近就业的岗位，减少工作往返时间和交通费用等，同时缓解空巢老人和留守儿童等社会问题。

第三节 研究展望

本研究基于湖南、安徽和江苏 3 省 466 户水稻种植户数据，详细分析了农业生产环节外包行为及其经济效应。并根据上述研究结论提出了相关建议，丰富了现有研究。但在研究数据、研究方法和研究内容方面也存在一定不足，这也是未来需要进一步研究的方向。

从研究数据上看，本研究仅调研了长江流域中下游的安徽、湖南和江苏 3 省水稻种植户，由于其他水稻主产区（如珠江流域、东北地区）与长江流域稻作区的人文、经济和自然条件存在较大差异，不同主产区稻农生产环节外包行为

及其效应可能存在较大差异。因此，未来可以选择其他区域的水稻种植户来进行对比分析，以其更全面掌握稻农生产环节外包的行为逻辑及其效应。从研究方法来看，本研究主要采用实证分析法探讨农业生产环节外包行为及效应，虽然能够比较客观准确进行量化分析，但缺乏从案例的角度探讨环节外包行为的效应。因此，未来可运用案例研究方法，通过对外包服务组织和服务农户的深入访谈来挖掘农业生产环节外包行为逻辑及其效应的作用机理。从研究内容上看，农业生产环节外包效应分析中不仅包括技术效率和家庭收入，还应包括环境效应，但鉴于在调研中，我们发现农户将生产环节外包行为首先考虑的是家庭收入水平和家庭效用最大化，而鲜少会考虑农业生产环节外包的环境效应。因此，本研究重点关注了农业生产技术效率和家庭收入，未来随着农业生产环节外包服务市场的发育成熟以及农户环境意识的增强，可进一步探究农业生产环节外包的环境效应。

本章小结

本章总结了全书的研究结论，并提出了完善农业生产环节外包服务，提高农户经济效应的政策启示。同时，进一步指出本书在研究数据、研究方法和研究内容方面存在的缺陷和不足，进一步明确未来的研究方向。

参考文献

[1] 阿尔弗雷德·马歇尔. 经济学原理[M]. 廉运杰译. 北京：华夏出版社，2007.

[2] 柏拉图. 理想国[M]. 郭斌，张竹明译. 北京：商务印书馆，1986.

[3] 蔡昉，王美艳. 从穷人经济到规模经济——发展阶段变化对中国农业提出的挑战[J]. 经济研究，2016，51(5)：14-26.

[4] 蔡键，刘文勇. 农业社会化服务与机会主义行为：以农机手作业服务为例[J]. 改革，2019，(3)：18-29.

[5] 蔡键，刘文勇. 社会分工、成本分摊与农机作业服务产业的出现——以冀豫鲁三省农业机械化发展为例[J]. 江西财经大学学报，2017，(4)：83-92.

[6] 蔡荣，蔡书凯. 农业生产环节外包实证研究——基于安徽省水稻主产区的调查[J]. 农业技术经济，2014，(4)：34-42.

[7] 蔡荣，汪紫钰，杜志雄. 示范家庭农场技术效率更高吗——基于全国家庭农场监测数据[J]. 中国农村经济，2019，(3)：65-81.

[8] 曹瓅，杨雨. 不同渠道信贷约束对农户收入的影响[J]. 华南农业大学学报(社会科学版)，2020，19 (1)：66-76.

[9] 曾世宏，夏杰长. 公地悲剧、交易费用与雾霾治理——环境技术服务有效供给的制度思考[J]. 财经问题研究，2015，(1)：10-15.

[10] 曾雅婷，吕亚荣，刘文勇. 农地流转提升了粮食生产技术效率吗——来自农户的视角[J]. 农业技术经济，2018，(3)：41-55.

[11] 曾亿武，郭红东，金松青. 电子商务有益于农民增收吗——来自江苏沭阳的证据[J]. 中国农村经济，2018，(2)：49-64.

[12] 常向阳，车晶晶，王琪. 种苗选择对农户收入的影响研究——基于江苏省草莓种植户的实证分析[J]. 世界农业，2020，(9)：99-109.

[13] 陈超，李寅秋，廖西元. 水稻生产环节外包的生产率效应分析——基于江

苏省三县的面板数据[J]. 中国农村经济，2012，(2)：86-96.
[14] 陈超，唐若迪. 水稻生产环节外包服务对农户土地转入的影响——基于农户规模分化的视角[J]. 南京农业大学学报(社会科学版)，2020，20(5)：156-166.
[15] 陈成文，余丽敏，陈静. 土地托管对资产收益扶贫的影响——基于湖南省H县的实证研究[J]. 经济地理，2019，39(5)：198-206.
[16] 陈菲. 服务外包动因机制分析及发展趋势预测——美国服务外包的验证[J]. 中国工业经济，2005，(6)：67-73.
[17] 陈航英. 小农户与现代农业发展有机衔接——基于组织化的小农户与具有社会基础的现代农业[J]. 南京农业大学学报(社会科学版)，2019，19(2)：10-19，155.
[18] 陈宏伟，穆月英. 劳动力转移、技术选择与农户收入不平等[J]. 财经科学，2020，(8)：106-117.
[19] 陈江华，罗明忠，张雪丽. 禀赋特征、外部环境与农业生产环节外包——基于水稻种植户的考察[J]. 新疆农垦经济，2016，(11)：1-11.
[20] 陈江华，罗明忠. 农地确权对水稻劳动密集型生产环节外包的影响——基于农机投资的中介效应[J]. 广东财经大学学报，2018，33(4)：98-111.
[21] 陈品，孙顶强，钟甫宁. 劳动力短缺背景下农时延误、产量损失与外包服务利用影响[J]. 现代经济探讨，2018，(8)：112-118.
[22] 陈思，罗尔呷，聂凤英. 正规借贷对农户收入的影响及作用路径——基于西部贫困地区710户农户面板数据的实证分析[J]. 江汉论坛，2020，510(12)：36-46.
[23] 陈思羽，李尚蒲. 农户生产环节外包的影响因素——基于威廉姆森分析范式的实证研究[J]. 南方经济，2014(12)：105-110.
[24] 陈锡文. 落实发展新理念破解农业新难题[J]. 农业经济问题，2016，37(3)：4-10.
[25] 陈先兵. 社会化小农的行为逻辑——基于华北鲁县三个新居建设试点村的研究[J]. 湖南社会科学，2012，(1)：98-101.
[26] 陈义媛. 土地托管的实践与组织困境：对农业社会化服务体系构建的思考[J]. 南京农业大学学报(社会科学版)，2017，17(6)：120-130.

[27] 陈昭玖，胡雯. 农地确权、交易装置与农户生产环节外包——基于“斯密—杨格”定理的分工演化逻辑[J]. 农业经济问题，2016，37(8)：16-24,110.

[28] 陈志钢，毕洁颖，吴国宝，等. 中国扶贫现状与演进以及2020年后的扶贫愿景和战略重点[J]. 中国农村经济，2019，(1)：2-16.

[29] 程名望，史清华，Jin Yanhong，等. 农户收入差距及其根源：模型与实证[J]. 管理世界，2015，(7)：17-28.

[30] 仇童伟，罗必良. 农业要素市场建设视野的规模经营路径[J]. 改革，2018，(3)：90-102.

[31] 仇童伟，石晓平，马贤磊. 农地流转经历、产权安全认知对农地流转市场潜在需求的影响研究——以江西省丘陵地区为例[J]. 资源科学，2015，37(4)：645-653.

[32] 仇叶. 从配额走向认证：农村贫困人口瞄准偏差及其制度矫正[J]. 公共管理学报，2018，15 (1)：122-134,159.

[33] 戴琳，于丽红，兰庆高. 农户参与土地股份合作社收入效应的实证检验——基于辽宁省朝阳市的调查[J]. 干旱区资源与环境，2020，34(6)：42-47.

[34] 邓大才. 社会化小农：动机与行为[J]. 华中师范大学学报(人文社会科学版)，2006，(3)：9-16.

[35] 董欢，郭晓鸣. 生产性服务与传统农业：改造抑或延续——基于四川省501份农户家庭问卷的实证分析[J]. 经济学家，2014，(6)：84-90.

[36] 董欢. 水稻生产环节外包服务行为研究[J]. 华南农业大学学报(社会科学版)，2017，16(2)：91-101.

[37] 董莹，穆月英. 农业技术进步、农村劳动力转移对地区工资与收入差距的影响——基于SFA-CGE两阶段模拟分析[J]. 北京理工大学学报(社会科学版)，2015，17(5)：91-98.

[38] 杜洪燕，陈俊红，李芸. 推动小农户与现代农业有机衔接的农业生产托管组织方式和利益联结机制[J]. 农村经济，2021，(1)：31-38.

[39] 杜志雄，肖卫东. 中国农业发展70年：成就、经验、未来思路与对策[J]. 中国经济学人，2019，14(1)：2-33.

[40] 段培，王礼力，陈绳栋，等. 粮食种植户生产环节外包选择行为分析[J]. 西北农林科技大学学报(社会科学版)，2017，17(5)：65-72.
[41] 范晓亚，陈杰. 农业生态环境污染现状及治理对策[J]. 绿色科技，2019，(14)：198-199.
[42] 方师乐，史新杰，高叙文. 非农就业、农机投资和农机服务利用[J]. 南京农业大学学报(社会科学版)，2020，20(1)：139-149.
[43] 高静，王志章，龚燕玲，等. 土地转出何以影响小农户收入：理性解释与千份数据检验[J]. 中国软科学，2020，(4)：70-81.
[44] 高强，孔祥智. 我国农业社会化服务体系演进轨迹与政策匹配：1978—2013 年[J]. 改革，2013，(4)：5-18.
[45] 耿鹏鹏. "规模实现"抑或"技术耗散"：地权稳定如何影响农户农业生产效率[J]. 南京农业大学学报(社会科学版)，2021，21(1)：108-120.
[46] 宫同瑶，刘智浩. 规模经营视角下的农业土地流转与农业土地托管——第五届"中国农业经营创新论坛"会议综述[J]. 山东财经大学学报，2017，29(5)：113-116.
[47] 龚道广. 农业社会化服务的一般理论及其对农户选择的应用分析[J]. 中国农村观察，2000，(6)：25-34,78.
[48] 郭熙保，苏甫. 速水佑次郎对农业与发展经济学的贡献[J]. 经济学动态，2013，(3)：101-108.
[49] 郭晓鸣，左喆瑜. 基于老龄化视角的传统农区农户生产技术选择与技术效率分析——来自四川省富顺、安岳、中江 3 县的农户微观数据[J]. 农业技术经济，2015，(1)：42-53.
[50] 郭云南，姚洋. 宗族网络与农村劳动力流动[J]. 管理世界，2013(3)：69-81，187-188.
[51] 韩庆龄. 小农户经营与农业社会化服务的衔接困境——以山东省 M 县土地托管为例[J]. 南京农业大学学报(社会科学版)，2019，19(2)：20-27,156.
[52] 韩旭东，王若男，杨慧莲，等. 土地细碎化、土地流转与农业生产效率基于全国 2 745 个农户调研样本的实证分析[J]. 西北农林科技大学学报(社会科学版)，2020，20(5)：143-153.

[53] 郝爱民. 农业生产性服务业对农业的影响——基于省级面板数据的研究[J]. 财贸经济，2011，(7):97-102,136.

[54] 何爱，曾楚宏. 诱致性技术创新:文献综述及其引申[J]. 改革，2010，(6):45-48.

[55] 何学松，孔荣. 互联网使用、市场意识与农民收入——来自陕西 908 户农户调查的经验证据[J]. 干旱区资源与环境，2019a，33(4):55-60.

[56] 何学松，孔荣. 金融素养、金融行为与农民收入——基于陕西省的农户调查[J]. 北京工商大学学报(社会科学版)，2019b，34(2):1-11.

[57] 何一鸣，张苇锟，罗必良. 农业分工的制度逻辑——来自广东田野调查的验证[J]. 农村经济，2020，(7):1-13.

[58] 贺雪峰. 为谁的农业现代化[J]. 开放时代，2015，(5):133-133.

[59] 洪炜杰，朱文珏，胡新艳. 自购农机还是服务外包——基于新结构经济学的分析视角[J]. 新疆农垦经济，2017，(2):13-18,49.

[60] 洪炜杰. 外包服务市场的发育如何影响农地流转——以水稻收割环节为例[J]. 南京农业大学学报(社会科学版)，2019，19(4):95-105,159.

[61] 侯孟阳，姚顺波. 空间视角下中国农业生态效率的收敛性与分异特征[J]. 中国人口·资源与环境，2019，29(4):116-126.

[62] 侯晓康，刘天军，黄腾，等. 农户绿色农业技术采纳行为及收入效应[J]. 西北农林科技大学学报(社会科学版)，2019，19(3):121-131.

[63] 胡涛，查元桑. 委托代理理论及其新的发展方向之一[J]. 财经理论与实践，2002，(S3):3-5.

[64] 胡雯，严静娴，陈昭玖. 农户生产环节外包行为及其影响因素分析——基于要素供给视角和 1 134 份农户调查数据[J]. 湖南农业大学学报(社会科学版)，2016，17(4):8-14.

[65] 胡新艳，米薪宇. 产权稳定性对农机服务外包的影响与作用机制[J]. 华中农业大学学报(社会科学版)，2020，(3):63-71,171-172.

[66] 胡新艳，朱文珏，罗锦涛. 农业规模经营方式创新:从土地逻辑到分工逻辑[J]. 江海学刊，2015(2):75-82,238.

[67] 胡雪枝，钟甫宁. 人口老龄化对种植业生产的影响——基于小麦和棉花作物分析[J]. 农业经济问题，2013，34(2):36-43,110.

[68] 胡祎，张正河. 农机服务对小麦生产技术效率有影响吗[J]. 中国农村经济，2018，(5)：68-83.

[69] 宦梅丽，侯云先. 农业生产环节外包中服务质量控制契约研究[J]. 农林经济管理学报，2020，19(3)：288-296.

[70] 黄季焜，齐亮，陈瑞剑. 技术信息知识、风险偏好与农民施用农药[J]. 管理世界，2008，(5)：71-76.

[71] 黄炎忠，罗小锋. 跨区作业如何影响农机服务获取[J]. 华中农业大学学报(社会科学版)，2020，(4)：89-97，178.

[72] 黄祖辉，王建英，陈志钢. 非农就业、土地流转与土地细碎化对稻农技术效率的影响[J]. 中国农村经济，2014，(11)：4-16.

[73] 纪月清，钟甫宁. 非农就业与农户农机服务利用[J]. 南京农业大学学报(社会科学版)，2013，13(5)：47-52.

[74] 冀名峰. 农业生产性服务业：我国农业现代化历史上的第三次动能[J]. 农业经济问题，2018，(3)：9-15.

[75] 江激宇，张士云，李博伟，等. 种粮大户扩大农地规模意愿存在盲目性吗？[J]. 中国人口资源与环境，2016，(26)：97-104.

[76] 江永红，戚名侠. 生成机制、个人禀赋与家庭农场主培育[J]. 中国人口·资源与环境，2018，28(5)：170-176.

[77] 姜松，曹峥林，刘晗. 农业社会化服务对土地适度规模经营影响及比较研究——基于CHIP微观数据的实证[J]. 农业技术经济，2016，(11)：4-13.

[78] 姜鑫. 诱致性农业技术创新模型及中国农业技术变革的实证研究[J]. 财经论丛，2007，(3)：1-7.

[79] 姜长云. 关于发展农业生产性服务业的思考[J]. 农业经济问题，2016，37(5)：8-15，110.

[80] 姜长云. 论农业生产托管服务发展的四大关系[J]. 农业经济问题，2020，(9)：55-63.

[81] 孔祥智，徐珍源. 农业社会化服务供求研究——基于供给主体与需求强度的农户数据分析[J]. 广西社会科学，2010，(3)：120-125.

[82] 匡远配，陆钰凤. 我国农地流转“内卷化”陷阱及其出路[J]. 农业经济问题，2018，(9)：33-43.

[83] 邝佛缘，陈美球，鲁燕飞，等. 生计资本对农户耕地保护意愿的影响分析——以江西省587份问卷为例[J]. 中国土地科学，2017，31(2)：58-66.

[84] 李伯华，刘沛林，窦银娣. 小农社会化：农户生产行为演变的一种解释——以湖北省红安县二程镇长岗村为例[J]. 山东农业大学学报(社会科学版)，2012，14(4)：1-5，117.

[85] 李丹，周宏，夏秋. 农业生产性服务采纳为什么存在结构性失衡——一个来自环节风险异质性的探讨[J]. 财经论丛，2021，271(4)：3-11.

[86] 李丹. 风险视角下农业生产性服务采纳决策、约束行为及作用效果研究——以江苏水稻种植农户为例[D]. 南京农业大学，2021.

[87] 李国强. 论农地流转中"三权分置"的法律关系[J]. 法律科学(西北政法大学学报)，2015，33(6)：179-188.

[88] 李国祥. 论中国农业发展动能转换[J]. 中国农村经济，2017，(7)：2-14.

[89] 李虹韦，钟涨宝. 农地经营规模对农户农机服务需求的影响——基于资产专用性差异的农机服务类型比较[J]. 农村经济，2020，(2)：31-39.

[90] 李明文，王振华，张广胜. 农业服务业促进粮食高质量发展了吗——基于272个地级市面板数据的门槛回归分析[J]. 农业技术经济，2020，(7)：4-16.

[91] 李宁，何文剑，仇童伟，等. 农地产权结构、生产要素效率与农业绩效[J]. 管理世界，2017，(3)：44-62.

[92] 李宁，汪险生，王舒娟，等. 自购还是外包：农地确权如何影响农户的农业机械化选择？[J]. 中国农村经济，2019，(6)：54-75.

[93] 李宁，周琦宇，汪险生. 新型农业经营主体的角色转变研究：以农机服务对农地经营规模的影响为切入点[J]. 中国农村经济，2020，(7)：40-58.

[94] 李霄，卢圣华，汪晖. 征地对农户收入的影响及其空间分异性研究——基于CHFS数据的倍差法分析[J]. 中国土地科学，2019，33(10)：102-110.

[95] 李忠旭，庄健. 土地托管对农户家庭经济福利的影响——基于非农就业与农业产出的中介效应[J]. 农业技术经济，2021，(1)：20-31.

[96] 梁志会，张露，刘勇，等. 农业分工有利于化肥减量施用吗——基于江汉平原水稻种植户的实证[J]. 中国人口·资源与环境，2020，30(1)：150-159.

[97] 刘大鹏，刘颖，魏新彦，等. 粮食最低收购价调整下农户的生产行为选择——基于农户分化视角的分析[J]. 农业技术经济，2020，(11)：31-42.

[98] 刘桂峰，王丽红，赵阳. 经济发达地区农户集中居住意愿实证研究——基于北京郊区 703 个农户的调查[J]. 农业经济问题，2015，36(4)：51-58，111.

[99] 刘家成. 时间规模经济、环节异质性与粮食生产外包水平研究[D]. 南京农业大学，2019a.

[100] 刘家成，徐志刚，钟甫宁. 村庄和谐治理与农户分散生产的集体协调——来自中国水稻种植户生产环节外包的证据[J]. 南京大学学报(哲学·人文科学·社会科学)，2019b，56(4)：107-118.

[101] 刘家成，徐志刚. 农户生产外包联合行动的规模效应、行动逻辑与环节异质性[J]. 农业技术经济，2021，(1)：4-19.

[102] 刘家成，钟甫宁，徐志刚，等. 劳动分工视角下农户生产环节外包行为异质性与成因[J]. 农业技术经济，2019c，(7)：4-14.

[103] 刘起林，韩青. 农业病虫害防治外包的农户增收效应研究——基于湖南、安徽和浙江三省的农户调查[J]. 农村经济，2020，(8)：118-125.

[104] 刘强，杨万江. 农户行为视角下农业生产性服务对土地规模经营的影响[J]. 中国农业大学学报，2016，21(9)：188-197.

[105] 刘任，眭鑫，王文涛. 互联网使用对农户收入差距影响研究——基于 CGSS 数据的实证分析[J/OL]. 重庆大学学报(社会科学版)，2021，Doi：10.11835/j.issn.1008-5831.jg.2020.10.004.

[106] 刘守英，王一鸽. 从乡土中国到城乡中国——中国转型的乡村变迁视角[J]. 管理世界，2018，34(10)：128-146，232.

[107] 刘洋，余国新. 农业社会化服务与农业现代化耦合协调发展研究——以新疆为例[J]. 经济问题，2020，492(8)：99-106.

[108] 卢华，胡浩，傅顺. 农地产权、非农就业风险与农业技术效率[J]. 财贸研究，2016，27(5)：75-82.

[109] 卢华，胡浩，耿献辉. 农业社会化服务对农业技术效率的影响[J]. 中南财经政法大学学报，2020，(6)：69-77，159-160.

[110] 陆岐楠，张崇尚，仇焕广. 农业劳动力老龄化、非农劳动力兼业化对农业

生产环节外包的影响[J]. 农业经济问题，2017，(10):27-34.

[111] 陆倩，孙剑，向云. 农民合作社产权治理现状、类型划分及社员利益比较——中国为何缺乏有效的农民合作社[J]. 经济学家，2016，(9):86-95.

[112] 罗必良，仇童伟. 中国农业种植结构调整:“非粮化”抑或“趋粮化”[J]. 社会科学战线，2018，(2):39-51.

[113] 罗必良，胡新艳，张露. 为小农户服务:中国现代农业发展的“第三条道路”[J]. 农村经济，2021，(1):1-10.

[114] 罗必良. 论服务规模经营——从纵向分工到横向分工及连片专业化[J]. 中国农村经济，2017a，(11):2-16.

[115] 罗必良. 农业家庭经营:走向分工经济[M]. 北京:中国农业出版社，2017b.

[116] 罗明忠，罗琦，陈江华. 农业分工、资源禀赋与农村劳动力农业产业内转移[J]. 江苏大学学报(社会科学版)，2018，20(2):13-20.

[117] 罗明忠，唐超，邓海莹. 从业经历与农业经营方式选择:生产环节外包的视角[J]. 南方经济，2019，(12):68-81.

[118] 罗小娟. 种粮大户环境友好型技术选择的关联效应与决策机制——基于联立双变量 Probit 模型的实证分析[J]. 金融教育研究，2019，32(4):11-19.

[119] 马俊龙，宁光杰. 互联网与中国农村劳动力非农就业[J]. 财经科学，2017，(7):50-63.

[120] 马克思. 资本论. 第一卷[M]. 北京:人民出版社，2004.

[121] 毛学峰，刘靖，朱信凯. 中国粮食结构与粮食安全:基于粮食流通贸易的视角[J]. 管理世界，2015，(3):76-85.

[122] 苗珊珊. 社会资本多维异质性视角下农户小型水利设施合作参与行为研究[J]. 中国人口·资源与环境，2014，24(12):46-54.

[123] 潘彪，田志宏. 中国农业机械化高速发展阶段的要素替代机制研究[J]. 农业工程学报，2018，34(9):1-10.

[124] 潘静，陈广汉. 家庭决策、社会互动与劳动力流动[J]. 经济评论，2014，(3):40-50,99.

[125] 彭开丽，程贺. 决策行为视角下农地流转对农户收入的影响——来自湖北省东部9县(市/区)的证据[J]. 华中农业大学学报(社会科学版)，2020，(5):132-142,174-175.

[126] 戚迪明，杨肖丽，江金启，等. 生产环节外包对农户土地规模经营的影响分析——基于辽宁省水稻种植户的调查数据[J]. 湖南农业大学学报(社会科学版)，2015，16(3):7-12.

[127] 钱文荣，郑黎义. 劳动力外出务工对农户家庭经营收入的影响——基于江西省4个县农户调研的实证分析[J]. 农业技术经济，2011(1):50-58.

[128] 色诺芬. 经济论雅典的收入[M]. 张伯健，陆大年，译. 北京：商务印书馆，1981.

[129] 尚杰，石锐，张滨. 农业面源污染与农业经济增长关系的演化特征与动态解析[J]. 农村经济，2019，(9):132-139.

[130] 申红芳，陈超，廖西元，等. 稻农生产环节外包行为分析——基于7省21县的调查[J]. 中国农村经济，2015，(5):44-57.

[131] 申红芳. 水稻生产环节服务外包实证研究[D]. 南京农业大学，2014.

[132] 盛洪. 分工、生产费用和交易费用[J]. 上海经济研究，1992，(2):10-16.

[133] 史新杰，高叙文，方师乐. 劳动力转移、模式分异与农户务农收入——基于全国“十县百村”的实证分析[J]. 经济学家，2019，(4):103-112.

[134] 宋海英，姜长云. 农户对农机社会化服务的选择研究——基于8省份小麦种植户的问卷调查[J]. 农业技术经济，2015，(9):27-36.

[135] 宋英杰. 受教育程度与农民增收关系的实证研究——基于省际面板数据的分析[J]. 农业技术经济，2010，(10):50-57.

[136] 苏卫良，刘承芳，张林秀. 非农就业对农户家庭农业机械化服务影响研究[J]. 农业技术经济，2016，(10):4-11.

[137] 孙顶强，Misginaasmelash，卢宇桐，等. 作业质量监督、风险偏好与农户生产外包服务需求的环节异质性[J]. 农业技术经济，2019，(4):4-15.

[138] 孙顶强，卢宇桐，田旭. 生产性服务对中国水稻生产技术效率的影响——基于吉、浙、湘、川4省微观调查数据的实证分析[J]. 中国农村经济，2016，(8):70-81.

[139] 孙鹏飞，高原，赵凯. 宅基地退出对农户收入的影响——基于倾向得分

匹配(PSM)的反事实估计[J]. 西北农林科技大学学报(社会科学版),2020,20(2):69-78.

[140] 檀竹平,洪炜杰,罗必良. 农业劳动力转移与种植结构"趋粮化"[J]. 改革,2019,(7):111-118.

[141] 唐林,罗小锋,张俊飚. 购买农业机械服务增加了农户收入吗——基于老龄化视角的检验[J]. 农业技术经济,2021,(1):46-60.

[142] 田红宇,冯晓阳. 土地细碎化与水稻生产技术效率[J]. 华南农业大学学报(社会科学版),2019,18(4):68-79.

[143] 田红宇,付玮琼. 农户务农劳动力质量与水稻生产技术效率——基于土地流转和农业社会化服务调节视角[J]. 商业研究,2021,(2):88-98.

[144] 万宝瑞. 新形势下我国农业发展战略思考[J]. 农业经济问题,2017,38(1):4-8.

[145] 王柏杰. 农村制度变迁、流动性约束与中国农村居民消费增长[J]. 山西财经大学学报,2014,36(10):1-10.

[146] 王建英,陈志钢,黄祖辉,等. 转型时期土地生产率与农户经营规模关系再考察[J]. 管理世界,2015,(9):65-81.

[147] 王建英,黄祖辉,陈志钢,等. 水稻生产环节外包决策实证研究——基于江西省稻农水稻种植数据的研究[J]. 浙江大学学报(人文社会科学版),2018,48(2):33-54.

[148] 王克强,许茹毅,刘红梅. 土地流转信托对农业生产效率的影响研究——基于黑龙江省桦川县水稻农户信托项目的实证分析[J]. 农业技术经济,2021,(4):122-132.

[149] 王全忠,陈欢,张倩,等. 农户水稻"双改单"与收入增长:来自农村社会化服务的视角[J]. 中国人口·资源与环境,2015a,25(3):153-162.

[150] 王全忠,陈欢,周宏. 农机服务与农户稻作制度选择研究——基于要素替代与收入效应视角的分析[J]. 农业经济与管理,2015b,(6):30-45.

[151] 王全忠,周宏. 劳动力要素禀赋、规模经营与农户机械技术选择——来自水稻机插秧技术的实证解释[J]. 南京农业大学学报(社会科学版),2019,19(3):125-137,159-160.

[152] 王善高,许昭,刘吉双. 粮食收入性补贴对粮食生产技术效率的影响分

析——以不同规模稻谷种植为例[J]. 农林经济管理学报，2020，19(3)：297-306.

[153] 王习农. 服务外包不等于服务业外包——服务外包概念再认识与理论新析[J]. 国际贸易问题，2012，(8)：91-100.

[154] 王小华. 中国农民收入结构的演化逻辑及增收效应测度[J]. 西南大学学报(社会科学版)，2019，45(5)：67-77，198-199.

[155] 王颜齐，史修艺. 组织化内生成本视角下小农户与现代农业衔接问题研究[J]. 中州学刊，2019，(9)：33-40.

[156] 王翌秋，陈玉珠. 劳动力外出务工对农户种植结构的影响研究——基于江苏和河南的调查数据[J]. 农业经济问题，2016，37(2)：41-48，111.

[157] 王银梅. 中国社会化小农与农村土地流转[J]. 农业经济问题，2010，31(5)：45-50，110.

[158] 王雨晴，韩学平. 我国农业生产性服务供给优化对策分析[J]. 农业经济，2020，(3)：15-16.

[159] 王玉斌，李乾. 农业生产托管利益分配模式比较研究[J]. 改革，2019b，(8)：119-127.

[160] 王玉斌，李乾. 农业生产性服务、粮食增产与农民增收——基于CHIP数据的实证分析[J]. 财经科学，2019a，(3)：92-104.

[161] 王志刚，申红芳，廖西元. 农业规模经营：从生产环节外包开始——以水稻为例[J]. 中国农村经济，2011，(9)：4-12.

[162] 温雪，范雅静，李琪. 农户参加农民专业合作社对其收入和金融资产的影响研究[J]. 财经理论与实践，2019，40(3)：149-154.

[163] 温忠麟，叶宝娟. 中介效应分析：方法和模型发展[J]. 心理科学进展，2014，(5)：5-19.

[164] 文高辉，刘蒙罢，胡贤辉. 耕地细碎化对农户劳动生产率影响的空间计量分析[J]. 中国农业资源与区划，2021，42(2)：167-175.

[165] 翁贞林，徐俊丽. 农机社会化服务与农地转入：来自小规模稻农的实证[J]. 农林经济管理学报，2019，18(1)：1-11.

[166] 翁贞林. 农户理论与应用研究进展与述评[J]. 农业经济问题，2008，(8)：93-100.

[167] 吴宁，马瑞丽. 安德烈·高兹的劳动分工理论[J]. 湖南师范大学社会科学学报，2014，43(1):5-10.

[168] 吴重庆，张慧鹏. 小农与乡村振兴——现代农业产业分工体系中小农户的结构性困境与出路[J]. 南京农业大学学报(社会科学版)，2019，19(1):13-24,163.

[169] 武舜臣，宦梅丽，马婕. 服务外包程度与粮食生产效率提升:农机作业外包更具优势吗？[J]. 当代经济管理，2021，43(3)：49-56.

[170] 西奥多·W. 舒尔茨(1964). 改造传统农业[M]. 梁小民译. 北京:商务印书馆,1987.

[171] 夏秋. 专业化服务对水稻经营规模及经营绩效的影响研究——基于长江中下游流域微观调研的分析[D]. 南京农业大学，2019.

[172] 谢琳，钟文晶，罗必良. 农业生产服务的自主供给与市场供给:相互关系与政策思路[J]. 江海学刊，2017，(3):55-62,238.

[173] 谢琳，钟文晶. 村干部身份、环节特性与社会化生产服务获得——基于市场合约与配额合约的比较研究[J]. 农业技术经济，2017，(3)：99-108.

[174] 徐斌，应瑞瑶. 基于委托—代理视角的农业社会化服务满意度评价研究——以病虫害统防统治为例[J]. 中国软科学，2015，(5):67-76.

[175] 徐建玲，储怡菲，顾浩丰. 农户风险偏好、风险认知与水稻生产环节外包决策——基于江苏省水稻种植户的调查[J]. 新疆财经，2019b，(6)：37-50.

[176] 徐建玲，云佳民，杨波. 农户农业生产环节外包决策行为研究——基于江苏省350个水稻种植户的调查数据[J]. 新疆财经大学学报，2019a，(2):5-14.

[177] 徐依婷. 粮食生产水足迹、节水利用与生态补偿机制研究[D]. 中国农业大学，2021.

[178] 徐勇，邓大才. 社会化小农:解释当今农户的一种视角[J]. 学术月刊，2006，(7):5-13.

[179] 徐勇. “再识农户”与社会化小农的建构[J]. 华中师范大学学报(人文社会科学版)，2006，(3):2-8.

[180] 徐宗阳. 资本下乡的社会基础——基于华北地区一个公司型农场的经验研究[J]. 社会学研究，2016，31(5)：63-87，243.

[181] 许彩华，余劲."三权分置"背景下土地流转的收入效应分析——基于粮食主产区 3 省 10 县的农户调查[J]. 华中农业大学学报（社会科学版），2020，(1)：18-27，162.

[182] 许庆，陆钰凤. 非农就业、土地的社会保障功能与农地流转[J]. 中国人口科学，2018，(5)：30-41，126-127.

[183] 许秀川，李容，李国珍. 小规模经营与农户农机服务需求——一个两阶段决策模型的考察[J]. 农业技术经济，2017，(9)：45-57.

[184] 亚当·斯密. 国民财富的性质和原因的研究[M]. 牛津大学，1880 年，中译版. 北京：商务印书馆，1972.

[185] 杨彩艳，齐振宏，黄炜虹，等. 农业社会化服务有利于农业生产效率的提高吗？——基于三阶段 DEA 模型的实证分析[J]. 中国农业大学学报，2018，23(11)：232-244

[186] 杨丹，王晓丽，唐羽. 农业补贴、农户增收与收入不平等[J]. 华中农业大学学报（社会科学版），2020，(5)：60-70，171.

[187] 杨丹丹，罗剑朝. 农地经营权抵押贷款可得性对农业生产效率的影响研究——以宁夏平罗县和同心县 723 户农户为例[J]. 农业技术经济，2018，(8)：75-85.

[188] 杨进，吴比，金松青，陈志钢. 中国农业机械化发展对粮食播种面积的影响[J]. 中国农村经济，2018(3)：89-104.

[189] 杨万江，李琪. 农户兼业、生产性服务与水稻种植面积决策——基于 11 省 1646 户农户的实证研究[J]. 中国农业大学学报（社会科学版），2018，35(1)：100-109.

[190] 杨万江，李琪. 我国农户水稻生产技术效率分析——基于 11 省 761 户调查数据[J]. 农业技术经济，2016，(1)：71-81.

[191] 杨万江，李琪. 新型经营主体生产性服务对水稻生产技术效率的影响研究——基于 12 省 1 926 户农户调研数据[J]. 华中农业大学学报（社会科学版），2017，(5)：12-19.

[192] 杨小凯，黄有光，张玉纲. 专业化与经济组织[M]. 北京：经济科学出版

社，1999.

[193] 杨小凯. 分工和经济组织：一个新兴古典微观经济学分析框架[M]. 阿姆斯特丹:北荷兰出版公司，1994.

[194] 杨鑫，穆月英. 农业技术采用、时间重配置与农户收入[J]. 华中农业大学学报(社会科学版)，2020，(4):50-60,176.

[195] 杨志海. 生产环节外包改善了农户福利吗——来自长江流域水稻种植农户的证据[J]. 中国农村经济，2019，(4):73-91.

[196] 杨聪敏. 改革开放以来农民工流动规模考察[J]. 探索,2009,(4):131-135.

[197] 杨子，饶芳萍，诸培新. 农业社会化服务对土地规模经营的影响——基于农户土地转入视角的实证分析[J]. 中国农村经济，2019a，(3):82-95.

[198] 杨子，张建，诸培新. 农业社会化服务能推动小农对接农业现代化吗——基于技术效率视角[J]. 农业技术经济，2019b，(9):16-26.

[199] 叶敬忠,张明皓."小农户"与"小农"之辩——基于"小农户"的生产力振兴和"小农"的生产关系振兴[J].南京农业大学学报(社会科学版),2019,19(1):1-12,163.

[200] 展进涛，张燕媛，张忠军. 土地细碎化是否阻碍了水稻生产性环节外包服务的发展?[J]. 南京农业大学学报(社会科学版)，2016，(2):117-124.

[201] 张国胜，陈瑛. 我国户籍制度改革的演化逻辑与战略取向——以农民工为例的新政治经济学分析[J]. 经济学家，2014，(5):78-86.

[202] 张康洁. 产业组织模式视角下稻农绿色生产行为研究[D].中国农业科学院,2021.

[203] 张丽，李容. 农机服务发展与粮食生产效率研究:2004—2016——基于变系数随机前沿分析[J]. 华中农业大学学报(社会科学版)，2020，(2):67-77,165.

[204] 张琳，冯开文，黄嘉鑫. 基于VAR模型的农地流转制度变迁的绩效分析——以山东枣庄为例[J]. 中国农业资源与区划，2020，41(2):178-186.

[205] 张强强，霍学喜，刘军弟. 苹果种植户生产环节外包行为研究——基于

陕、甘、鲁三省960户调查数据[J]. 华中农业大学学报(社会科学版)，2018，(2)：28-36，155.

[206] 张瑞娟，高鸣. 新技术采纳行为与技术效率差异——基于小农户与种粮大户的比较[J]. 中国农村经济，2018，(5)：84-97.

[207] 张亚丽，白云丽，甄霖，辛良杰. 新农保能促进农户土地流转吗——基于CHARLS三期面板数据[J]. 自然资源学报，2019，34(5)：1016-1026.

[208] 张燕媛，张忠军. 农户生产环节外包需求意愿与选择行为的偏差分析——基于江苏、江西两省水稻生产数据的实证[J]. 华中农业大学学报(社会科学版)，2016，(2)：9-14，134.

[209] 张永强，田媛. 社会化服务模式对农户技术效率的影响[J]. 农业技术经济，2021，(6)：84-100.

[210] 张元庆，邱爱莲. 科斯产权理论与我国征地补偿制度设计重构[J]. 农村经济，2013，(6)：29-32.

[211] 张忠军，易中懿. 农业生产性服务外包对水稻生产率的影响研究——基于358个农户的实证分析[J]. 农业经济问题，2015，36(10)：69-76.

[212] 张宗毅，杜志雄. 土地流转一定会导致"非粮化"吗——基于全国1740个种植业家庭农场监测数据的实证分析[J]. 经济学动态，2015，(9)：63-69.

[213] 张宗毅，杜志雄. 农业生产性服务决策的经济分析——以农机作业服务为例[J]. 财贸经济，2018，39(4)：146-160.

[214] 赵海涛，朱帆，常进雄. 老龄化背景下农村劳动力的年龄结构与非农转移测度[J]. 华中农业大学学报(社会科学版)，2020，(5)：71-81，171-172.

[215] 赵茂林，潘挝. 分工学说的历史演进及其影响再探讨[J]. 中北大学学报(社会科学版)，2020，36(6)：18-25.

[216] 赵培芳，王玉斌. 农户兼业对农业生产环节外包行为的影响——基于湘皖两省水稻种植户的实证研究[J]. 华中农业大学学报(社会科学版)，2020，(1)：38-46，163.

[217] 赵鑫，张正河，任金政. 农业生产性服务对农户收入有影响吗——基于800个行政村的倾向得分匹配模型实证分析[J]. 农业技术经济，2021，

(1):32-45.

[218] 甄小鹏，凌晨．农村劳动力流动对农村收入及收入差距的影响——基于劳动异质性的视角[J]．经济学(季刊)，2017，16(3):1073-1096.

[219] 郑旭媛，王芳，应瑞瑶．农户禀赋约束、技术属性与农业技术选择偏向——基于不完全要素市场条件下的农户技术采用分析框架[J]．中国农村经济，2018，(3):105-122.

[220] 郑阳阳，罗建利．农户缘何不愿流转土地:行为背后的解读[J]．经济学家，2019，(10):104-112.

[221] 郑阳阳．苹果有机肥替代化肥行为的影响因素及效应研究[D]．中国农业大学，2020.

[222] 钟甫宁,陆五一,徐志刚.农村劳动力外出务工不利于粮食生产吗——对农户要素替代与种植结构调整行为及约束条件的解析[J].中国农村经济,2016(7):36-47.

[223] 钟真，胡珺祎，曹世祥．土地流转与社会化服务:“路线竞争”还是“相得益彰”?——基于山东临沂 12 个村的案例分析[J]．中国农村经济，2020，(10):52-70.

[224] 周丹，杨晓玉，刘翌．农产品生产环节中农户外包行为分析[J]．西北农林科技大学学报(社会科学版)，2016，16(3):125-129.

[225] 周宏，王全忠，张倩．农村劳动力老龄化与水稻生产效率缺失——基于社会化服务的视角[J].中国人口科学，2014，(3):53-65,127.

[226] 周利平，昝祺祺，翁贞林．农户兼业、生产环节外包与农业种植结构“趋粮化”[J]．农业现代化研究，2021，42(1):78-84.

[227] 周强,张全红.中国家庭长期多维贫困状态转化及教育因素研究[J].数量经济技术经济研究,2017,34(4):3-19.

[228] 周燕.科斯定理与中国经济改革——从“产权—交易费用”的视角进行解释[J].学术研究，2015，(2):76-85,160.

[229] 朱桂丽，洪名勇．农村产业融合对欠发达地区农户收入的影响——基于西藏 532 户青稞种植户的调查[J]．干旱区资源与环境，2021，35(1):14-20.

[230] 朱宁．畜禽养殖户废弃物处理及其对养殖效果影响的实证研究[D]．中

国农业大学，2014.
[231] 朱启臻，胡方萌. 新型职业农民生成环境的几个问题[J]. 中国农村经济，2016，(10)：61-69.
[232] Abdulai A，Huffman W. Structural Adjustment and Economic Efficiency of Rice Farmers in Northern Ghana[J]. Economic Development and Cultural Change，2000，48(3)：503-520.
[233] Abdul-Rahaman A，Abdulai A. Do farmer groups impact on farm yield and efficiency of smallholder farmers? Evidence from rice farmers in northern Ghana - ScienceDirect[J]. Food Policy，2018，81：95-105.
[234] Allyn A Young. Increasing Retu rns and Economic Progress[J]. Economic Journal，1928，38(152)：527-542.
[235] Alwarritzi W，Nanseki T，Chomei Y. Analysis of the Factors Influencing the Technical Efficiency among Oil Palm Smallholder Farmers in Indonesia[J]. Procedia Environmental Sciences，2015，28：630-638.
[236] B Quélin，Duhamel F. Bringing Together Strategic Outsourcing and Corporate Strategy：Outsourcing Motives and Risks[J]. European Management Journal，2003，21(5)：647-661.
[237] Battese G E，Coelli T J. A model for technical inefficiency effects in a stochastic frontier production function for panel data[J]. Empirical Economics，1995，20(2)：325-332.
[238] Becker G S，Murphy K M. The Division of Labor，Coordination Costs，and Knowledge[J]. NBER Chapters，1994：299-322.
[239] Benjamin D. Household Composition，Labor Markets，and Labor Demand：Testing for Separation in Agricultural Household Models[J]. Econometrica，1992，60(2)：287-322.
[240] Bergkvist L，Johansson B. Evaluating motivational factors involved at different stages in an outsourcing decision process[J]. Electronic Journal of Information Systems Evaluation，2007，10 (1)：23-30.
[241] Brauw A D，Rozelle S，Taylor J E，et al. Migration，Remittances，and Agricultural Productivity in China[J]. American Economic Review，

1999, 89(2):287-291.

[242] Chernozhukov V, Hansen C. Instrumental variable quantile regression: A robust inference approach[J]. Journal of Econometrics, 2008, 142(1): 379-398.

[243] Coelli T J, Battese G E. Identification of factors which influence the technical inefficiency of Indian farmers[J]. Australian Journal of Agricultural and Resource Economics, 1996, 40:103-128.

[244] Gillespie J, Nehring R, Sandretto C, et al. Forage outsourcing in the dairy sector: The extent of use and impact on farm profitability[J]. Agricultural and Resource Economics Review, 2010, 39(3): 399-414.

[245] Ji Yueqing, Hu Xuezhi, Zhu Jing, et al. Demographic change and its impact on farmers' field production decisions[J]. China Economic Review, 2017, 43(1):64-71.

[246] Just R E, Zilberman D. The effects of agricultural development policies on income distribution and technological change in agriculture[J]. Journal of Development Economics, 1988, 28(2):193-216.

[247] Justin Yifu Lin. Public Research Resource Allocation in Chinese Agricultrue: A Test of Induced Technological Innovation Hypotheses[J]. Economic Development and Cultural change, 1991,40(1):55-73.

[248] Kung K S. Off-Farm Labor Markets and the Emergence of Land Rental Markets in Rural China[J]. Journal of Comparative Economics, 2002, 30(2):395-414.

[249] Li X. A Study on Environmental Pollution of Agriculture and Countermeasures under the Double Failure[J]. Energy Procedia, 2011, 5(1): 204-208.

[250] Lyne M C, Jonas N, Ortmann G F. A quantitative assessment of an outsourced agricultural extension service in the Umzimkhulu District of KwaZulu-Natal, South Africa[J]. Journal of Agricultural Education & Extension, 2018, 24(1): 51-64.

[251] Ma Wanglin, Awudu Abdulai, Renan Goetz. Agricultural Cooperatives

and Investment in Organic Soil Amendments and Chemical Fertilizer in China[J]. American Journal of Agricultural Economics, 2018, 100(2): 502-520.

[252] Machila M, Lyne M, Nuthall P. Assessment of an outsourced agricultural extension service in the Mutasa district of Zimbabwe[J]. Academic Journals, 2015, 7(5):142-149.

[253] PicazoTadeo A J, ReigMartínez E. Outsourcing and efficiency: the case of Spanish citrus farming[J]. Agricultural Economics, 2010, 35(2):213-222.

[254] Prahalad C K, Hamel G. The core competence of the corporation[J]. Harvard Business Review, 1990, 68(3) :79-91.

[255] Quinn J B. Hilmerfg. Strategic Outsourcing[J]. Sloan Management Review, 1994, 35 (4): 43-55.

[256] Quinn J B. Strategic Outsourcing: Leveraging Knowledge Capabilities [J]. Sloan Management Review, 1999, 40(4): 9-21.

[257] Quinn J B. Strategic Outsourcing: The New Engine of Growth[J]. Sloan Management Review, 2000, 41 (4): 13-28.

[258] Schreinemachers P, Wu M H, Uddin M N, et al. Farmer training in off-season vegetables: Effects on income and pesticide use in Bangladesh[J]. Food Policy, 2016, 61:132-140.

[259] Sun D, Michael R, Xu Z. Determinants and impacts of outsourcing pest and disease management: Evidence from China's rice production[J]. China Agricultural Economic Review, 2018, 10(3):443-461.

[260] Taylor J E, Rozelle S, Brauw A D. Migration and Incomes in Source Communities: A New Economics of Migration Perspective from China [J]. Economic Development and Cultural Change, 2003, 52(1):75-101.

[261] Vitasek K, Manrodt K. Vested outsourcing: a flexible framework for collaborative outsourcing [J]. Strategic Outsourcing An International Journal, 2012, 5(1):4-14.

[262] Wolf C A. Custom dairy heifer grower industry characteristics and con-

tract terms[J]. Journal of Dairy Science, 2003, 86(9):3016-3022.

[263] Zhang X B, Yang J, Thomas R. Mechanization outsourcing clusters and division of labor in Chinese agriculture[J]. China Economic Review, 2017, 43:184-195.